熱情讓我擁有全世界

歐洲上學大不同，交換學生教會我的事

國際愛優生文化教育交流協會台灣分會（AYUSA）著

目 錄

二　歐洲學習大不同：交換學生的故事經驗分享

交換的意義是付出和給予，並找到自己的熱情所在。交換生來到歐洲，與當地的轟家、同學分享他們的文化、語言、個性；同時，他們也對當地的文化和生活方式產生好奇。在交流過程中，從轟家、學校、同學身上看到世界的另一面，從而思考自己真正想要什麼、興趣所在、讀書和生活的意義是什麼。

目 錄

三 附錄

一 找到自己的起跑點

一群15~18歲的台灣年輕孩子，用一年的時間深度沉浸在歐陸之中；藉由歐洲教育的滋養灌溉而向下扎根，未來在世界任何角落發展不僅僅是精彩豐富了自己的人生，更是對這世代有積極向上的貢獻。

〔前言〕

台灣孩子有如種子一般
灑向世界

國際愛優生文化交流協會台灣分會執行長　張其正

　　望眼整個歐陸，許許多多深厚的文化、悠久的歷史、幾千年的宗教，乃至於近年來在對教育、環保、永續生存上的先進觀念，經由一群15~18歲的台灣年輕孩子，經他們的足跡所至、雙眼所見、親耳所聞、用一年的時間深度沉浸在歐陸之中；

　　或是德國人的實事求是，

　　或是法國人的美食及浪漫慢活，

　　或是北歐丹麥、芬蘭、挪威的幸福簡單生活，

　　或是瑞典、荷蘭的先進環保意識，

　　或是奧地利的音樂精神饗宴，

　　或是瑞士的山河湖之美；

　　這一代的台灣孩子何其有幸，能在高中階段親臨這些幸福、這些美、這些台灣所嚮往及追求的生活。

　　投入交換教育工作近二十年，感受最深的莫過於將這代代台灣孩子有如種子一般灑向世界，讓他們風吹、日曬、雨淋，從中成長、茁壯、蛻變；有些孩子可能如朵花，三個月便開花結果；有些孩子是小樹，三～五年後看到當年交換所帶給他的成果與影響；更多的孩子是大樹，沒有歷經十五～二十年是看不見他的壯碩與高大。但我深信這些優秀的台灣種子，藉由歐洲教育的滋養灌溉而向下扎根，未來在世界任何角落發展，不僅僅是精彩豐富了自己的人生，更是對這世代有積極向上的貢獻。

　　期待這本書有拋磚引玉的功效，讓更多的台灣種子灑向地球村的世界各地，唯有打破地域、國界、人種、階級的禁錮，未來的台灣乃至於世界，才會有更好的未來。

〔推薦文〕

連熟女都心動的超級學習——高中交換學生

台南大學附設實驗小學教師 溫美玉

《熱情讓我擁有全世界》是AYUSA繼《學習，不只在教室》之後，第二本記錄高中交換學生的書籍，前一本是美國交換學生的故事，這本則來到讓大家好奇與著迷的歐洲。

我們家有三個女兒也是高中交換學生。為什麼會鼓勵孩子嘗試這種學習？一來是我們家也曾當過一年的義務接待家庭；另一則是我強烈認為高中生必須真正成熟獨立，如果有機會能夠到另一個國度，而且在另一種不同生活方式的家庭中成長，相信是她們一生中非常難忘且受用的經驗。

當然，以我擔任教師更務實的角度來分析與觀察，高中交換學生在先進國家行之有年，甚至是最被推崇與肯定的一種教育方式，多方考量加速我讓孩子走出舒適圈的決心。不過，當初要選擇地點時，雖然我和先生都極力慫恿她們到歐洲，種種因素考量，最終她

們還是落腳美國，所以，歐洲交換學生成了我心中的小小遺憾。

　　還好，每年暑假AYUSA都會邀請學長姐為即將接受挑戰的學弟妹，舉辦盛大且溫馨的傳承會，每每看到從歐洲回來的孩子，我的神經就會變得更為敏感，所以，書裡提及的幾個案例，因為他們與我的孩子同時出國，我曾經親臨現場，看著經過一年洗禮之後的大孩子，落落大方且自信有加的談及一年中的點點滴滴，坐在台下的我們也為他們的遭遇或成長感動不已。很難想像，如果不是海外學校、家庭、社會帶給他們的挫折，他們能充滿熱情且毫無畏懼的上台分享嗎？或說，他們的人生有這麼多動人的故事嗎？

　　上述是從孩子的角度出發談這件事，然而，其實，這些年陸續接觸交換學生經歷的故事，我可能比同齡孩子、一般家長還要激動許多。為什麼？即將邁入五十歲，我不曉得同年紀的人的想法，我

〔推薦文〕

則已經悄悄規劃再過幾年退休之後的大計畫,也就是到國外念書,或者遊學,總之,就是想彌補年輕時想都不敢想的夢想。我們的年代,生活中不愁沒有挫折,所以,即使不出國,各項能力依然能夠持續增進,但是,按部就班地一路念書、就業、結婚生子、照顧家庭,那些錯過的年輕時國外就學的風景,成了片片斷斷的幻影。因此,每每看到網路上年輕人可以打工遊學,或者當高中交換學生之類的訊息,都讓我砰然心跳,腦海裡總是浮現穿越陌生地方的勇敢身影,接著就是微微的惆悵與不甘心。

因此,看著書裡這些年輕孩子的境遇,真叫人血脈賁張心動不已,彷彿我的夢想疊在他們的身影之間,他們幫我實現了那些年我想做的事啊!我常想,人生若能夠在最單純最華美的時光,到歐洲充滿人文風情與自然田野風光的美麗國度求學,即使不能享受到精

緻可口的菜餚，無法快速便利取得生活所需，或者，不得流利順暢
的與人溝通，但當理想與夢想同時在眼前，這些生活的困境應該也
就顯得渺小無所謂了。

　　只可惜，這世界上竟然沒有「熟女」交換學生的機制，否則，
勢必有一大堆與我一樣有遺憾的人，想要在離開這世界之前，好好
一圓在國外生活與學習的夢想。所以，想要給親愛的大孩子們一些
話：我們這種年代的人為何如此渴望用這種方式學習，已經用無比
羨慕的眼神，還有用盡力氣給你們的掌聲中回答你們了。在此恭喜
已經走出去的孩子，也鼓勵尚未接受挑戰的你，無論到幾歲，再回
首這一段人生旅程，你一定覺得不虛此行。別再猶豫了，勇敢出去
闖吧！

〔推薦文〕

這一代的孩子到底需要什麼樣的「教育」？

POP Radio台長　林書煒

　　台灣教育從來很少教導我們如何發掘自我特長、如何找到學習熱情、如何培養自律及思考人生未來的方向，因而讓我們自己甚或我們的孩子在人生應該是最精華寶貴的花樣年華時，卻必須在無止盡的補習、考試、補習、考試的循環中度過。我是六年級中段班，我女兒是九年級中段班，原本期待女兒在21世紀的台灣教育體制下，能有不同的學習環境及思維，但終究還是換湯不換藥。

　　我常常在思考，究竟我們能將孩子帶往哪裡去？我們的孩子就只能這樣嗎？

　　閱讀了這本《熱情讓我擁有世界》，我從一篇篇激勵人心的勇敢故事中，看到台灣孩子無窮的可能性。原來，我們的孩子站上世界舞台時可以那麼無懼，如此亮眼。的確很難想像，十五、六歲的台灣孩子，正值高中階段，多半埋首於書中、沉浸於考試之間，在

台灣教育體制下，居然有一群膽識過人的孩子提前張開翅膀，飛去完全陌生的國度，而且不是美、日，而是許多我們一生也都不一定有機會去訪的歐洲大陸。丹麥、芬蘭、荷蘭、瑞典、法國、德國、瑞士、奧地利……這些在我們的年代只能有旅行觀光、走馬看花的國家，這群可能因為不知天高地厚所以敢出去闖，而且一住就將近一年的交換學生，不得不讓身為家長的我們重新思考這一代的孩子到底需要什麼樣的「教育」？

當我們還在想英文行不行，這群孩子已經在用英文學芬蘭語、荷蘭語、德語、法語、瑞典文，並且用這些語言與世界交朋友。這本書的問市，我看到的不僅只是台灣的未來，更是世界的未來。世界真的已經是一個地球村了，我們怎麼還能只侷限在自己每天的「小確幸」中沾沾自喜，而躲著不去看看外面的遼闊世界呢？

〔推薦文〕

看看「不一樣」會怎樣

知名導演、AYUSA交換學生家長　陳玉珊

　　孩子出國前，坦白說我根本不知道會發生什麼變化，我只知道他在填鴨式裡的學習不快樂，我看不到學習的動機跟熱情。讀書只是為了應付考試，最喜歡的體育課跟音樂課少之又少，晚自習、趕進度、大小考，這一切痛苦跟學生時代的我如出一轍。那表示二十幾年來，我們殷殷期盼的教育改革與標榜快樂學習環境遠遠不夠。我曾在這個體制裡辛苦過，而看著繼續在體制裡學習卻飽受挫折的兒子，我能為他做什麼？

　　鼓勵他參加AYUSA的交換學生計畫，是我主動提議的。對一個16歲的大男孩，要離開家人、朋友，到世界的另一端獨自體驗學習跟生活是需要決心的。我跟他討論過，留在台灣多讀一年高中狀況可想而知，但去一個陌生國度一年，天知道會發生什麼？

　　我對兒子說：「最多不過花掉你一年的時間，但人生還很長

啊！拿一年換一個人生很不同外國念書的經驗，至少英文變好啦，這是你最差的狀況。」

他想了半年，最後希望給自己一個機會去看看，或許學習不是只有一種方式。看看這個世界同年齡的其他孩子在想什麼。

這些改變不只他要勇敢，家長的心臟也要很強大，堅定因為很多事情一旦決定了都回不去了。至少他沒辦法跟同屆的同學一起考大學，他要能夠承受自己未來的升學、目標、規劃等等的都會跟別人不一樣。但我們都對這個「不一樣」寄予厚望。

後來呢？每一個把手放開讓孩子到世界去體驗學習的父母們心中的牽掛跟焦慮，我沒少過。每一個勇敢踏出去到另一個國度適應不同的文化學習環境的孩子們遇到的挫折跟思鄉，他也沒少過。但他開始認識來自世界各地的同學，開始選擇自己喜歡的科目排課，

〔推薦文〕

開始踴躍在課堂上舉手發問，開始喜歡上美國歷史課，開始認為自己沒道理考不好、做不到，開始自創羽球社並且擔任教練，開始自己下廚做滷肉飯，招待轟家跟同學；開始認為上課是有趣的，學習變得有自信。

　　那麼多的可能，是他離家之前我根本沒想到會發生的事情。我記得那天我們兩個視訊討論他的改變，他講起英文來的自信語氣都跟以前天差地別。我不禁想，只是換個教育的環境，竟然改變他這麼多？我們一直都在講國際化，有什麼比「直接去體驗不同文化，進而用另一個角度了解世界的多元」這個行動更國際化？

　　希望對這個世界有好奇心的孩子們，對學習感到茫然的你，請給自己一個機會在你年輕的時候看看這個世界，希望大家都能重拾對生活以及學習的熱情。看看「不一樣」會怎樣。

二 歐洲學習大不同

交換學生的故事經驗分享

交換的意義是付出和給予，並找到自己的熱情所在。
交換生來到歐洲，與當地的轟家、同學分享他們的文
化、語言、個性；同時，他們也對當地的文化和生活
方式產生好奇。在交流過程中，從轟家、學校、同學
身上看到世界的另一面，從而思考自己真正想要什
麼、興趣所在、讀書和生活的意義是什麼。

法式慢生活

陳思樸

16歲到美國俄勒岡州Aloha高中當交換學生一年，開始喜歡上交換生的學習方式。**17**歲繼續到法國西南部的Lycée de La Sauque當交換生。一年後，順利申請到位於美食之都里昂的保羅·博古斯酒店與廚藝學院（Institut Paul Bocuse）。現在正於巴黎餐飲世家（Potel et Chabot）進行為期六個月的實習。

　　16歲時，偶然的機會下，我發現了AYUSA的交換生項目。在爸媽的鼓勵之下，我橫跨太平洋到美國進行一年的交換學習。懵懵懂懂的我，住在寄宿家庭，與當地人一起生活，從一開始的拘謹和害怕，到後來的深度了解當地文化，認識很多不同背景的人；也透過我的烹飪介紹台灣文化給他們。在俄勒岡州過了一年的精彩生活，我愛上了以交換學生的身分去體驗多元文化的方式。由於覺得獲益匪淺，接著又到法國交換一年，期待能在青春的黃金時期多闖蕩，投資自己。

我主動參加校外志工，在森林體驗一星期的戶外活
動，並帶領10位8~12歲的中學生參與各種不同的戶外
課程及活動，照顧他們的三餐作息。

「慢活」的生活態度

　　初到法國就感受到轟家相處模式和我的台灣家庭很不一樣，平時爸媽常加班，放學後都是我和弟弟買便當回家吃並寫作業，一家人很少在一起吃飯。法國的轟爸轟媽的工作也十分忙碌，平常都是七、八點才回到家。但他們並沒有扒兩口飯就匆匆忙忙去休息，而是全家人聚在餐桌，悠閒地一起享用晚餐。用完餐，大家會一起喝茶，吃巧克力，每個人輪流分享自己一整天的大小事。轟爸轟媽和

子女之間幾乎無話不談，轟哥也會分享他和女朋友之間的事情；或是一起玩遊戲，看部電影；這樣和樂融融的晚餐聚會經常會進行到凌晨。

但因為語言上的障礙，剛開始我對這個建立親密關係的晚飯時間，有些尷尬的抗拒。遠在台灣的媽媽透過電話鼓勵我說，「妳在那邊最親的人就是妳的轟家，妳應該和他們好好聊天，也可以練習妳的法文啊。」的確，轟家對我來說亦家人亦朋友，讓他們幫助自己通過語言關卡，何樂而不為？於是，每天去上學的時候，我都苦思冥想「今晚應該講些什麼？」、「什麼內容才會讓自己的法文有進步？」，然後自己在心裡默默地排練「小演講」。 果不其然，透過自己內心演練的小劇場和放開胸懷跟轟家人談天聊地，兩、三個月之後，我的法文進步神速。

從藝術到美食的掙扎

到了法國之後，我原本打算繼續走藝術這條路，還特別去了幾次藝術展，尋找適合的學校。後來會轉換到美食專業，說來得感謝當時的轟媽。我的轟家在波爾多南部郊區La Brède，是個很小的城鎮，圍繞著葡萄酒田莊，空氣中瀰漫著一股葡萄的香甜味。 轟爸來自西南法和西班牙邊境的巴斯克區，道地波爾多人的轟媽是名符其實的美食烹飪愛好者，和她在一起總是很有口福；而我像發現「新大陸」似的覺得十分興奮，原來美食也是一種藝術。當時我正在為尋找適合的藝術學校感到煩惱和迷惘，轟媽的無心之語讓我開始思

↑這是我可愛的法國轟家，（由左到右）轟爺爺、轟奶奶、轟媽、轟爸、轟弟。
↓為了傳遞台灣美食文化，我請求許多老師給我機會，在不同的班級裡介紹台灣文化。

我在一家米其林餐廳享受美食。法國轟家很愛品嚐美食和自己動手做料理,常帶我去餐廳嚐鮮。

考自己真正想做什麼:「妳好像沒有常常畫畫或去看藝術展,我發現妳比較愛做菜呢。」

想想也是,記得小時候上美術班,閒來無事就會去圖書館翻看藝術類的書,但每次看不到半個小時,手上拿著的已經換成美食書。於是我開始跟父母商量想從藝術轉學烹飪。媽媽一直支持我尋找自己的興趣所在;但爸爸則一直很難理解為何我想去廚房工作,我還記得他不滿地說:「油油膩膩的,很不適合淑女。」

我也很掙扎,最後還是決定做自己喜歡的事情會比較開心。

扎實的法國技職學校

除了生活模式,我發現美國和法國在教育方式也有很大的不同。我的交換高中Lycée de La Sauque位於法國西南部的拉佈雷德縣,課程時間和台灣高中大同小異:早上七、八點到學校,下午四點多放學。法國的高中生要考BAC會考(類似台灣的學測)才能進入大學,所以學業壓力很大;其實跟台灣高中生很相似,要面對各式各樣的大考小考、外加模擬考。相較之下,我在美國俄勒岡州的學校

法國中學制度

法國為14~18歲的中學生提供多元的教育選擇，中等教育分普通高中和職業高中。普通高中修業三年，學生數占七成；職業高中修業二至四年，學生數占三成；這些學校由教育部管理。另有三年制的農業學校，則由農業漁業部設置。

管理比較不嚴格，學生們可以自由選擇上課時間，並有豐富多彩的社團活動，也容易在課外時間交到朋友。

在法國，除了通過BAC會考上大學之外，還有另外一條路：技職學校。我現在就讀的法國保羅・博古斯酒店與廚藝學院（Institut Paul Bocuse），是由法國知名廚師保羅・博古斯（Paul Bocuse）創建於1990年。在廚藝界頗負盛名，因此不易進入，申請時需準備自傳（Personal Statement）、履歷，並需通過面試和筆試，再加上一個法語水準測試 （Test d'Evaluation de Francais）。只有18％是留學生，而我這一屆的亞洲學生只有二名。廚藝學校很重視學生的基礎課程，扎根牢實，但更特別的是，**學校選取學生的條件不在於基礎有多好，而在於學生對廚藝的熱情和強大的動力**。我的同學有讀過法律、醫科、甚至建築系的，最後轉到餐飲領域。他們都是在不斷摸索過程中找到了自己的熱情所在，並有著堅定的信念，才承受得了跨學科、從頭來過的巨大挑戰。很多畢業生現在都在餐飲界嶄露頭角，甚至大多擁有自己的餐廳。

法國美食是數百年智慧淬煉出的精髓，而保羅・博古斯自二十

世紀70年代起，倡導新派法國菜派系（Nouvelle Cuisine），烹飪使用名貴材料，注重原汁原味、材料新鮮等特色，菜式多以大瓷碟端放承載。保羅·博古斯每年都會邀請米其林三星餐廳的主廚來學校示範做菜。光看頂尖廚師們做菜的態度，我就十分震撼：他們要求美得極致，雅得極致，精得極致，事事鉅細，就連蔬菜切成的形狀也有嚴格標準。我印象很深刻的是千層酥皮鱸魚（Loup en croûte feuilletée, sauce Choron），魚的表皮裹著一層酥皮，而這層「皮膚」精細地雕刻出魚的形狀：波浪狀有序的魚鱗，焦黃色紋理分明的魚鰭，花瓣形的魚尾，還有微張著的魚嘴，配著淡黃色的醬料，還沒來得及驚嘆其做工精湛，侍者就現場動手把最滑嫩的魚身（肉）部分切給客人品嚐。這不僅是一道菜，更超越了菜的範疇，而成為一件藝術品，就像是一幅花了幾天幾夜才完成的春水戲魚圖。

　　三年的學習讓我發現自己的熱情所在：做小點（Finger Food）和辦宴會。我目前正在巴黎餐飲世家（Potel et Chabot）實習，想通過這段經歷來學習餐飲的營運模式。Potel et Chabot 經常有機會承接國際奢華品牌客戶的餐宴，例如Louis Vuitton和Chanel等等。目前我才剛來幾個月，幾乎每時每刻都在吸收新鮮知識：比如，跟主廚溝通選購什麼樣的食材，或是跟客戶討論宴會主題，如何準備好宴會所需……等等。

塞翁失馬，焉知非福

　　我的交換學習並非一帆風順。在美國的時候，我在課堂上玩手機被沒收了，之後被轟家禁足了一星期，並且每天晚上8點必須

↑聖誕節時，和高中同學們一起參加學校裝扮慢跑活動。

↓聖誕節時跟轟家飛到阿爾卑斯山滑雪。我人生第一次滑雪，摔得鼻青臉腫，但這經驗還是值回票價。

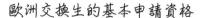

歐洲交換生的基本申請資格

1. 15～18歲的應屆國三至高二學生
2. 持有中華民國護照者
3. 通過SLEP測驗達50分以上
4. 在校成績平均C或以上
5. 通過 A2/B1法語檢定（僅法國需要）

回家。我有一次8：05分到家，後一天就必須7：55分回到家做為懲罰。我當時覺得十分生氣，後來覺得轟家這樣對我，正是因為他們把我當做自己的小孩啊！這樣的結果反而讓我更感受到轟家對我的愛。

在法國也有類似的經歷。我有個13歲的轟弟，從小把他的哥哥當成英雄。所以當轟哥要到美國當交換生時，轟弟親自選擇了我做接待學生，希望轟哥不在家時，我能頂替他的位置。可是一開始因為語言的隔閡，我並不能像轟哥以往那樣陪伴他；加上轟爸轟媽對我的好奇心，讓轟弟心中燃燒起了嫉妒的小火苗。有一次我要做台灣菜給大家吃，想借用他的刀具，他便大吼說：「不行，不行，這是我的，這是我爸媽給我的，不給妳用！」很多時候，他也會嫌棄我，鄙視我的法文不好。因為轟弟的不成熟，讓我當時常感到很懊惱和不自在。後來，隔幾年回去探訪轟家，和轟爸轟媽聊起這些生活小插曲，他們還跟我深深地道歉，希望我當年的交換生活沒有因為轟弟的不懂事而留有陰影。說實話，我那時候真的很感動。在交換一年的生活中，轟弟對我的影響與其他方面相比實在不算什麼，但這段經歷讓我學會了接受生命的各種挑戰。

走出去，看看其他國家的樣貌

曾經，我是個害羞又沉默的女生，就連老師也懷疑「這個小孩有自閉症」。去了美國和法國當交換學生那兩年，擁有了很多獨特的經歷，而美、法兩國開放的文化更讓我徹頭徹尾地改變：在一個沒有家人，甚至沒有認識的人的環境下，**我學會勇敢地去面對和處理當下發生的事**。很多事情轉個方向想，其實並沒有那麼糟。在餐廳實習的時候也遇到各種個性和態度不好的人，我會告訴自己說，其實他們都是過客，之前遇到更難過的事都好好走過來了，並沒有被挫折打倒，也不會自怨自艾，這種小事更不用放在心上。

我想去歐洲其中一個很大的動力是，向別人介紹台灣，讓台灣揚名國際。**當交換學生的這兩年，我學習到了多元文化，學習到了不同語言，也讓我靜下心來思考自己的熱情所在**。美國的高中十分輕鬆，下午一點就放學了，大家都去運動、讀課外書、或者做自己感興趣的事；但升上了大學，大家都變得十分認真念書和做研究。反觀台灣，和美國教育卻是相反的：從小到大，一路升學和考試，沒有時間靜下心來去思考自己對什麼有興趣，直到考完學測，大家都還不知道自己要做什麼。進了大學，家人和老師都不管你了，整體就變得很鬆懈。其實大學正是最精華的時候，因為畢業後要自己獨立，在社會上立足。可是台灣學生都不知道該如何選擇課程，更別提自己想做什麼了。我希望台灣學生可以多走出去，看看其他國家的樣貌，也讓更多國家的人知道台灣，把中華文化傳播出去。

從另一個角度看世界

　　我坐在書桌前，從面前一堆荷蘭文的書中抬起頭來。揉揉眼睛，輕舒一口氣；而這時，鼠標不禁滑向了圖片文件夾。回憶一幀幀的在我腦海裡重播，每一張照片我都能講出背後的故事：那最喜歡的麵包醬，那最好的朋友，那身穿荷蘭牌子衣服的我，那餡餅的味道還在我舌尖上跳舞……荷蘭真是一個充滿回憶的地方啊，我暗暗感嘆。當我在進修荷蘭文的時候，我會想起初學時苦練的心情；當我在課業上遇到困難時，我會想起當時的荷蘭老師和同學們是怎麼解決這個問題的；甚至游泳的時候，我會想起荷蘭朋友們深水游泳的技巧有多嫻熟。這些回憶像飛機尾部延長的白線，一下子把我帶回了三年前。

整個生活都不一樣了

　　初來到荷蘭Groningen，讓我覺得訝異的就是自行車的普及，

Groningen一年一度的盛會
Bloemenjaarmarkt（年度花
市），許多外地的德國人也會
開車來逛逛。

賴偉軒

初三畢業後去荷蘭Zernike College交換一年，
曾參與Nldoet荷蘭全國志工服務日活動，並
在課堂上和國慶日用荷蘭文向同學介紹台
灣。回台灣後進入花蓮私立慈濟高中就讀；
高二下學期向教育局提出申請，在家自主學
習式教育，同時參與多項社會志工服務。希
望成為一名專職研究者。

火車旅行,吃火車站的便利外帶炒麵。

參加當地的中文聚會,與荷蘭人一起練習中文。

我觀察到荷蘭人外出大都是騎自行車,他們很小就開始學習自行車了,幾乎沒有不會騎車的荷蘭人。在台灣,自行車多被當成短程的代步交通工具,頂多加裝一個水壺架;在荷蘭,卻常利用自行車載貨,購物時,能把幾個大袋子都放到固定的車架上。車輪上裝有一個固定的圓形鎖,在頂端有一條鑰匙,側端有一個扳手,停車的時候只要把扳手一按,鑰匙一拔,就鎖好了。有一次學校辦露營,兩個女生戴著同一副耳機一起近騎,就這樣保持著勻速前進,一路平安。我還見過有人一邊騎,另一隻手拉著行李;還有人另一隻手牽著另一輛車的!他們的騎車技術真讓我驚嘆不已。

我認知中的荷蘭是思想開放自由的,可是去了之後才發現限制得比其他國家還要多。第一個禮拜上Google突然被封鎖,我又沒有做違法的事情,為什麼不能用呢?後來才知道,在荷蘭,Google的服務有年齡限制,須滿16歲才能使用。當時我15歲,我慌了,Google信箱

被封鎖就無法和AYUSA聯絡，溝通完全停擺。而且如果三十天之內沒有處理郵件，信箱也被會自動刪除。這是我從小用到大的帳號，存放了很多資料，我很怕帳號真的被取消。緊急請轟家幫忙寫信給荷蘭的AYUSA辦公室，向Google證明我不是荷蘭人，經過了一番曲折，才又重新拿回Google信箱的使用權。原來荷蘭對兒童的安全防護網很嚴密，因為大力打擊兒童色情的緣故，就連成人觀看兒童色情都會受重罰。甚至臉書也有年齡限制，也是須滿16歲才可以使用。

原來荷蘭文這麼難

　　AYUSA的荷蘭辦公室提供了一個網站讓交換學生們學語言，每個禮拜上一堂課（45~60分鐘），每個月要繳交一次作業，兩個月進行一次聽寫考試。當我興致勃勃地連上首頁後馬上傻眼了：全部都是荷蘭文，連怎麼找到課程內容、怎麼參加考試都看不懂。我只好憑著自己的感覺摸索，加上Google翻譯的幫助，終於艱難的上了幾堂課，學習了簡單的問候和數字。可是，每次都要先努力翻譯成英文，再去找試題，在網站搜尋花的時間比上課的時間還要多，漸漸氣餒的我自然就喪失了對荷蘭文的興趣。

　　第一個轟家的英文很流利，他們也十分願意跟我講英文，所以在生活上沒有必須講荷蘭文。當地同學遇到我這個外國人都希望把握機會練習英文，就連我最好的朋友Naomi也是，除非我有不懂的荷蘭文就會找他幫我解決。一個月過去了，荷蘭北部的社服召集當地的交換生去秋遊，我驚訝地發現，在短短的一個月裡，大家的荷蘭

當地的自行車道，等待船隻通行。

文都已經說得很好。雖然來自不同的國家，但可以互相交流了──除了我之外。我成了唯一一個格格不入的學生。22歲的工作人員是五年前去過阿根廷的交換學生，他耐心地坐在我身邊陪我聊天，分享他的經驗。他剛到阿根廷時也像局外人聽不懂大家在說什麼，很苦惱，後來他十分努力用填鴨式法背西班牙語單字，發現其實學新語言並沒有很難。

秋遊回來之後（大約已在荷蘭一個半月），社服人員就替我換了轟家，並丟給新轟媽「一定要讓Whis學會荷蘭文」的重大目標。新轟媽是一個十分有責任感和使命感的人，於是我一到新轟家，她馬上就下了鐵規矩：禁止說英文，也不允許家裡其他人對我講英文。即使是不會的荷蘭單字，也要用已經會的荷蘭文代替，她規定我無論如何都只能用荷蘭文表達。轟媽總是一邊做飯一邊跟我聊天，轟家其他人也會用下午茶時間和我交流；這對於荷蘭文一竅不通的我來說，實在是太痛苦了。轟家每個人的專業領域不同，聊天時有自己的觀點，轟媽也總會問我，「你覺得怎麼樣，在台灣有沒有類似的事件？」我就只能冒著冷汗、膽戰心驚地發表文法錯亂的演說了。

AYUSA對交換生說的話

學習荷蘭語不是件容易的事，出發前須先完成線上荷蘭文課程，有
了基本的荷蘭語能力，將會讓你在生活上的適應更得心應手。荷蘭
的接待家庭也會幫助你學習荷蘭文，一步一步學習，將會逐漸加強
你的荷蘭語。不過也別太擔心，因為荷蘭是歐洲大陸最早開始用英
語授課的非英語國家，是英語普及率最高的國家之一，約95%的荷
蘭人會講英語。

　　轟媽為了讓我練習用荷蘭文買東西，去超市時也都會帶著我。
收銀員下意識跟我用英文報總價數目，沒想到轟媽嚴肅地說：「不
行，他會荷蘭文，一定要跟他講荷蘭文。講慢點沒關係，要讓他練
習付錢。」我膽怯地看了轟媽一眼，又畏縮地遞給收銀員最後一件
商品，悄悄地抓緊了衣角，戰戰兢兢地開口說：「我這邊數目剛
好，請點一下。」（Hier heb ik net zo veel, alstublieft.）這時我的後背
都被冷汗浸得濕透了，心裡暗暗埋怨「這也太嚴格了吧！這麼久不
讓我講中文，也不讓我講英文，我都快被逼瘋了」！

　　兩個月後，社服又進行了一次考試，我驚訝地發現自己的荷蘭
文進步神速，可以順暢的進行日常交流，一整天下來不會有任何問
題，文法也不錯；在學校除了對專有名詞感到有點困難之外，大都
能聽懂了，新單字也可以憑藉英文的基礎猜出個大概；這才意識到
轟媽對我的幫助有多大，果然是良藥苦口啊。

交換的意義是雙向分享

　　從小到大在台灣長大的我，並沒有接觸過文化差異，自然而然覺得台灣就是世界的中心，就連課本上學到的知識都是以台灣為主觀出發。到了荷蘭後，才發現原來很少人知道台灣，甚至還有人把台灣和泰國、緬甸都混淆。在荷蘭上歷史課的時候，更讓我感到驚訝，荷蘭統治台灣的歷史只佔一個小角落；可是台灣歷史課本裡，這段歷史是十分重要的，從荷蘭的動植物到科技，洋洋灑灑的陳述了好幾頁。

　　文化視野角度轉換的感覺是奇妙的；當我有了兩個角度，兩點形成一條線，對比巨大差異的同時，我也意識到了思考模式可以更客觀，更多緯度。在台灣，了解荷蘭文化的人並不多，而我可以把荷蘭經驗當成我的特色。未來無論我想做什麼事情，都會把荷蘭的角度帶上，讓它成為我的一部分。

　　在兩個轟家的經歷正反映了「給予」和「接受」。在第一個轟家的時候，他們很樂意讓我盡情演說關於台灣的事情，在學校我也做了很多關於台灣的剪報分享給大家；我不斷給予卻沒有機會嘗試他們的文化。而在第二個轟家，我則是一直接受，尤其是轟媽，在潛移默化中教會我很多文化，逐漸內化到我的心裡。在我看來，**交換的意義就是達到一種「給予」和「付出」平衡的狀態。**

交換後，毅然選擇自主學習的道路

　　經過一年荷蘭的交換，回到國內高中繼續就學的我，總是感覺

荷蘭中學制度

荷蘭的中等教育學習系統有HAVO（五年制一般
高級中等教育）、VWO（六年制大學預備中學教
育）。學生可從HAVO、VWO擇一就讀，再依學生
程度給予高等教育入學資格。

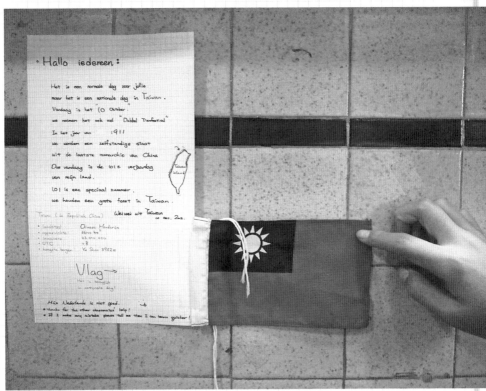

國慶日時，我在學校貼介紹台灣的布告。

缺少了些什麼。於是，一個新奇而冒險的念頭在我腦海裡產生：既然對學習荷蘭文的渴求那麼大，但受限於學校資源有限而無法繼續進修荷蘭文，何不嘗試自主學習呢？我馬上在白紙上寫下大標題：「AUTODIDACT 適性，個人化，契約自主的學習者高中階段學習方案」。

於是，我開始用表格的方式拉了一條從國小到高中的時間軸，來表明自己的就讀經歷、得獎記錄以及志工服務。然後，我用繪畫加文字說明的方式，分析了自己的性格特質、興趣專長、語言能力和理想職業，讓「賴偉軒」不再是簡單的三個字，而是一個能躍出紙面的靈活人。

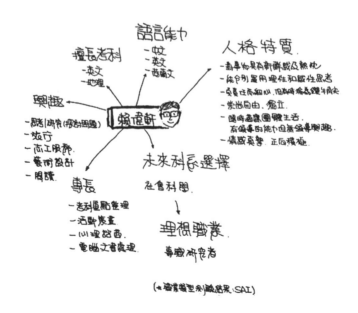

（★運用增型測心測結果：SAI）

荷蘭學生做筆記的方式

和全班同學合照

　　在荷蘭的那一年，每逢假日，我都會規劃行程並計算最便宜玩法，到荷蘭各地旅行。也會事先查詢城市或展覽館導覽資訊，參加荷蘭文導覽，同時也增進語言能力。短短一年的國外經歷讓我更加了解自己，發現自己擅長於反思整理，也對志工旅行、閱讀、分享故事有著極大的熱忱。我便一步一步的開始做自主學習規劃，運用資源整合的方法、開放的測量方式，和把時事新知化為學科問題的應用，來整體性地讓自己更滲透在知識中，向未來的社會科學研究員的職業方向更進一步。

偉軒爸爸媽媽的話

對於一個從小念書一直都拿獎學金的孩子，提出要自學時，做為家長的心裡是忐忑的，第一個想法是：這孩子怎麼選擇了相對難走的路，因為如果留在學校按部就班應可通過繁星上不錯的大學，為何要作此選擇呢？經過沉澱及深思後，不得不佩服並支持孩子的決定，他是一個突破傳統的孩子，他覺得學校給的不夠了、他需要更多養分了、他期許自己可以成為典範，讓爾後更多想自學的家庭能有參考的樣本，讓有同等想法的孩子透過他的範例能夠得到家長更多的支援，所以我們轉為支持孩子的決定，亦期望透過這個因緣能讓我們也同步成長。

整個家都改變了

至今（2016年）自我學習規劃已經進行了一大半，在自我規律的過程中，我發現整個家庭也被我帶動而開始改變。原本我家的作息是三餐不規律，睡眠時間也不固定，家裡也是亂到不行了才整理一下。當我從生活規律的轟家回來後，覺得什麼都不習慣；實行自主學習計劃後，我把三餐和作息都安排的井井有條，甚至把咖啡和下午茶時間也寫進計畫裡，也擁有了更多時間做家事和烹飪。

在荷蘭，每天來回八公里的騎車上下學路程，把我的腿力練得很好，現在也在定期定量的運動中保持下來。每天固定的時間閱讀荷蘭新聞，來培養自己的國際觀。我現在時常利用空閒的時間在台灣到處旅行，也是因為在荷蘭時的一日旅行讓我反思，就算是自己覺得稀鬆平常的家鄉，也應該要透過旅行來進一步認識。

在這樣的規律的生活下，爸爸媽媽的生活方式也被我影響了，他們開始三餐固定（可能因為我做飯的緣故吧），睡眠時間充足了很多，家裡也變得井然有序，乾乾淨淨。我還在不斷地調整科目的比重和學習方法，不斷地嘗試哪些技巧更適合自己，不過這都是學習的一部分，不是嗎？這都是我當初就做好的心理準備，畢竟計畫趕不上變化，所以不會後悔。

我的天空不設限

吳宣萱

在台北念完高一後去瑞典交換，之後到美國西雅圖Green River 社區大學念Communication Design，目前就讀於紐約Pratt Insititute 大學三年級。

我的瑞典高中結業當天

　　我的心裡一直有一個瑞典夢，每每一看到北歐的圖片文字，渾身上下就會被一股暖流包圍著，內心有種難以言喻的莫名喜歡。國三那年就萌發想去北歐看看的念頭，加上基測的那段時間壓力很大，於是就跟媽媽商量，我想去瑞典當交換生，以後想當設計師。當時媽媽覺得我年紀還太小，要我至少念完高一再出國。

　　好不容易高一的課程結束，我便開始尋找交換機構——可是事情總不在預料之中，在第一個交換機構裡，考試都通過了，手續辦得差不多了，才被通知說「沒有名額」，問我要不要改去丹麥。堅持一定要去瑞典的我，幸運地找到了還有名額的AYUSA，我的夢想將要實現了！

住在瑞典家感覺很不一樣

　　印象中的瑞典是一個很淳樸國家。家居設計不走前衛先鋒路線，也不像日本的禪意簡約，而是簡約明亮中帶有平易近人的溫馨感。瑞典人的打扮並不是最時尚的，幾件衝鋒衣、兩三件保暖內衣就足夠過冬了。相較之下，台灣很講究流行，每一個季節有特定的

到瑞典的第一個聖誕節在轟阿嬤家度過。

款式，街上的年輕人都穿戴著當季的潮流元素。我一直是一個「一定要和別人不一樣」的人，大家喜歡鮮豔色調的時候，我就偏偏不喜歡；大家喜歡家裡擺放許多木頭設計的時候，我就要顏色鮮豔的家具。瑞典剛好符合了我所有的特質：另類、鮮豔、小眾、時尚。

剛到轟家的時候，我發現每個人的家裡都是自己設計的，所以每一套公寓都有獨一無二的氣氛。因為瑞典的冬天很長，瑞典人便善用顏色和燈光把公寓變得明亮輕快。比如我的轟家買了很多燈，放在不同的地方，甚至誇張到要用遙控器來開燈、關燈。轟媽說，燈光很重要，所以家裡從地板、桌子、床邊都有不同類型的燈光。我在台灣的房間桌子很大，有足夠空間堆放檔案和課本。在瑞典則是一個小桌子，一盞檯燈，幾隻彩色鉛筆，就組成了簡單的辦公桌面。

冬天時，下著雪的瑞典氣溫很低很冷，但房間一直很暖和；後來我才知道，原來木頭地板下有熱水流動，像暖氣一樣，所以室內溫度一直都很平均。大雪常從冬天一直下到隔年五月，社區裡一直會有剷雪車，把路面清理乾淨，以保持公車路線暢通不會癱瘓，所

以瑞典學校也不像美國一樣會放大雪假。

　　瑞典還有一點讓我很驚喜——根本不需要出門買菜。瑞典有公司負責送菜上門，一個箱子裡會裝滿一整個星期的蔬菜、肉類和水果，還貼心地附上菜譜；既不用去市場，又不用傷腦筋要煮什麼菜，非常方便。轟家會打電話給不同的生鮮公司，這樣就可嘗試到不同的菜式了。後來我才知道，其實在台灣也有類似的鮮蔬宅配服務，只是在台灣時，我被課業壓得喘不過氣來，沒注意過生活上的大小事。

學校老師只講20分鐘的課

　　剛到瑞典學校上課的時候，我幾乎每堂課都感覺很錯愕：為什麼老師只講20分鐘的課，接下來就讓我們做題目？尤其是數學課，習慣把事情很快做完的我，5分鐘就把題目完成了，剩下的25分鐘（double check）就在發呆。後來經過一番觀察，偷瞄了同學的筆記本好幾眼之後，我才猛然意識到數學老師的意圖：原來並不是老師偷懶才只講20分鐘課，而是要**讓我們自己去發掘出原理，並發現作業中的問題**，再去和老師討論。**讀書應該是學怎麼念，而不是老師一味地教授知識。**

　　歷史課也是同樣的模式。首先老師讓我們決定要學什麼內容，然後發練習紙，上面有大約5~6條問題。跟數學老師一樣，他也是用20分鐘講解了一下課本內容，之後的時間就讓大家自行運用；有人上網查資料，有人玩電腦，也有人根本不聽課。老師不會逼迫你學

和朋友一起喝下午茶

習，也不會管你是不是在做課堂相關的內容。如果想學習就自己查資料，有問題就請問老師，因為**學習並不是老師的責任**。

藝術歷史課則是以一個畫家為中心，老師大約只用10分鐘講述其生平，接下來也是讓「學生自己去查資料」的自主學習。不同的是，藝術歷史老師會給我們充足兩個禮拜，之後要分組報告，把這名畫家的著名畫作、背景、某幅畫的繪畫技巧、個人對畫家的感覺等表現出來。我和兩個瑞典朋友一起組了小組，一個學期下來，每次講幾頁的報告，在不知不覺之中，我的瑞典文變得很流利。到瑞典半年之後，已經可以不用講英文來輔助溝通了。

兩門藝術課的老師很喜歡我，因為我的進步很大，他們就讓我跳級上課，成績也拿到中等水準。在台灣學素描的時候，老師要求的是「畫得像」；可是**瑞典的繪畫課，老師卻要求一定要有自己的方法和風格**，一定要運用到某種繪畫技巧，但不一定要畫得像。**瑞典教學著重的是技巧累積**。

在瑞典學校不僅課堂的自主性很強，課外活動也是由學生自行一手包辦。學校交給學生辦一個文化夜（cultural night）的活動，並

瑞典的中學制度

瑞典的高中學制一般為2~4年，分普通專業班和特殊專業班，各設有幾種不同修業年限的課程。普通專業班：二年制有23種專業，三年制有4個專業，四年制有1個專業。特殊專業班則設有400多種不同類型的課程，一般分為初級特殊班和高級特殊班，修業年限從1週到幾年不等。有些特殊班程度較高，必須上完普通班後才可升入。新體制高中畢業生升學和就業有很大靈活性。1977年規定，學生無論由哪種類型的高中畢業，都可以進各種類型的高等學校學習。

給了充裕的五個禮拜來計劃，每周還挪出90分鐘的上課時間讓大家分工合作。文化夜的前一個星期，學校甚至停課讓學生練習排演活動。正所謂「台上一分鐘，台下十年功」，五個星期的準備成果果然讓人驚豔，完全看不出是由學生辦的。我想，這或許就是慢工出細活的道理吧。

三名奇特的瑞典好友

來到瑞典之後，我很幸運地遇到了三個好朋友：Annie, Julia和Le。我們三個是神奇的組合：Annie比較安靜，喜歡韓國文化、動漫，經常宅在家。Julia出生在瑞典家庭，住在森林旁邊的大房子裡，養了一條狗，喜歡Party和畫畫。她有一本插畫簿畫滿她在生活裡觀察到小事物。Le是瑞典家庭從越南領養來的，思想開放包容，有時

有點憤世嫉俗。四個人各有自己的風格，但相處起來很融洽。我發現瑞典人對別人的各種嘗試的接受度都很高，比如我試過把頭髮染成橘色，很多路人都過來跟我說，「妳的頭髮真好看。」每一個人都不一樣，所有的異同都可以被接受，在瑞典人身上得到了體現。

像朋友的轟家

瑞典人的工作時間是由自己決定，每天八個小時，任意什麼時間上下班，只要把工作完成就好。我的轟家每週只上三天班，有時甚至會在家裡工作，所以我們有很多的相處時間。轟媽都用瑞典文和我聊天，天馬行空地囊括各種話題，無形中也讓我的瑞典文進步許多。

聖誕節假期時，城裡每個星期會點蠟燭倒數，還有新年夜的遊行。暑假和寒假時，全家會去轟媽的度假屋，裡面有各種珍稀的傳家寶，冬天在結冰的湖面上散步，夏天在湖裡游泳，好不樂哉。我曾從石頭上嘗試跳水，用魚塊釣蝦，也和大家一起去森林裡採蘑菇，在森林還迷了路，然後驚喜地發現了老鷹……。這些生活的點滴樂趣，說來瑣碎，但卻是我在台灣的求學生涯中無法享受到的。

沒有計劃的旅行

轟爸有一次趁著出差時，帶著我一起玩了趟公路旅行。我們一路開車，遇到小城就停下來休息，然後隨意逛逛小城鎮，不特意找景點或安排行程。轟家的旅行方式很放鬆，轟爸轟媽會上網找最便

熱情讓我
擁有全世界

我和我的朋友們

AYUSA對交換生說的話

　　瑞典家庭很重視家人之間的互動以及分工合作，因此千萬記得要成為瑞典家庭的一份子，一定要主動參與家庭事務，互相幫忙，不要把自己當成客人喔。接待家庭很期待和交換生一起分享瑞典文化，也希望藉由交換生來了解台灣，適度展現自己願意與接持家庭以及他們的親戚友人互動的熱忱；把瑞典家庭當做自己家人，敞開心房和他們一起分享自己的心情與想法；積極主動參與瑞典家庭安排的活動。

宜的機票，但吃飯要吃好的，也要住最好的旅館，至少要四星級，附早餐；因為住的地方是保證睡眠質量的前提。參觀時則一定要用走的。我每次和轟家一起旅行，會花很多時間在走路。第一個晚上，我們要找超市，直到把整個城市都走一遍了，才終於找到可買當地特色食品的超市。

轟爸轟媽對旅行的看法是：旅行是享受，不是走馬看花；不一定要玩所有的景點，可以下飛機再找當地旅行資訊；行程也不一定要很排滿，玩累了就回飯店休息。在旅途中，轟家對我也不會有所限制，什麼都讓我去嘗試。

在瑞典的一年讓我變得更成熟。我在台灣的家裡被保護得很好，只要會唸書就夠了，去哪裡都有哥哥陪同，不必操心太多事情。來到一個語言不通的國家，坐著陌生的公車線路，聽不懂同學在講什麼……這一切都讓我變得更加獨立。在台灣的我不敢表現自己，是一個典型的乖乖女：作業按時交，週末去補習，把書念好、試考好，只是一個很普通的人。

到瑞典當交換生教會我：「**不一樣是沒關係的**」，我變得有自己的特色，也變得更有自信。我覺得一個人要獨立才能生活下去，每個人都有自己的風格，自己的想法，找到自己是什麼樣子，別人自然會尊重你。

幫轟弟堆雪人

散步時發現結冰池塘，
也意外發現積雪融化形
成的神秘池塘。

挫折是生活常態

夢想啟航維也納

從小就對音樂有著濃厚興趣的我，自國中開始就念音樂班，主修古典音樂。奧地利是世界聞名的音樂之城，有悠久的歷史和莫札特，自然而然就成了我想去深入了解的地方。終於我通過測試得到去奧地利交換的機會，滿懷著對未來美好憧憬，透過白雲間隙，我看著飛機下方的歐洲大陸，內心不禁歡呼雀躍起來：「奧地利，我來了！」我已經等不及漫步在奧地利的古城裡，聆聽街頭藝術家演奏，閒暇時帶著自己的小提琴去巴洛克式的美泉宮（Schloss Schönbrunn）給路人演奏的新生活了！可是，天真的我並沒有預想到前方接踵而至的突發狀況。

還沒抵達奧地利，我就迎來了第一個挫折：在法國轉機的時候，我一個不留神走錯了候機樓層，結果沒有趕上去維也納的飛

楊絜儀

從國中時開始念音樂班，主修中提琴。高二時去奧地利交換一年，就讀於奧地利維也納的音樂高中（Musikgymnasium Wien）。現在就讀台中清水高中。她剛在2016年3月底榮登師大榜首，北藝大正取，並且收到美國茱莉亞音樂學院的錄取通知書。

First time ice skating.

機。既聽不懂德文，又聽不懂法文，周圍的人又不講英文，我孤零零地站在機場裡，看著身邊的人都急匆匆地奔向目的地，眼眶一下子就紅了。但這時候著急也沒有用，我深呼吸一口氣，去化妝間洗了一把臉，讓自己冷靜下來想辦法。我走向機場的空服人員，用英文有條有理地向他們說明了情況。他們聽懂我的狀況後，馬上幫我安排了下一班去維也納的飛機，我才得以順利地與轟家在機場會合。

愈挫愈勇的轟家生活

　　轟媽是德國人，處事很嚴格，事事都要遵循一套規矩。當她得知我不會講德文的時候，臉上掠過一抹不愉快的神色。我沒想太多，每天上學放學，努力適應著新生活。過了幾個星期，學校舉辦去愛爾蘭進行十天的校外教學，藉此機會增進同學之間的感情。十

sts snowboard weekend with exchange.

My host family at Ireland.

奧地利中學制度

奧地利14~18歲的中學生在教育上有多元的選擇，可以從4種教育機構中選擇適合自己的就讀，即普通高中（AHS Oberstufe）、高階職訓學校（BHS, Berufsbildende höhere Schulen）、中級職訓學校（BMS, Berufsbildende mittlere Schulen），多元技術學校附設進階職校（Polytechnischer Schule mit anschließender Berufsschule）。每一種皆為新的階段，而其中只有高階職訓學校（BHS）須要考試且有分數門檻。由高階職業學校及普通高中躍升至高等教育時，須通過畢業考試（Matura）。

天一眨眼就過了，我興奮地下了飛機，準備與轟媽分享所見所聞，卻接到AYUSA社服人員的電話：「妳的轟家不再接待妳了。」我的心情像坐上了過山車，一下子從山頂跌落到谷底：是不是我想太多？是不是我的問題？是不是不夠熱情對待轟家？天啊，我會不會被送回台灣？平常我都很早起床，七點多出門，晚上吃飯的時候也陪他們聊天，到底是哪裡做得不好？我的維也納夢想泡沫一個一個被擊碎，好不容易飛越半個地球來到夢想國，無助感如潮水般襲來，淹沒了16歲的我。我只好回到轟家，打包好自己的行李，茫然地等著AYUSA的消息。

　　過了兩三天，通過社服人員的安排，我暫時住進了STS工作人員的家。沒想到，新轟媽竟然是STS機構的總監，新轟爸是大學的音樂

↑ 班級旅遊
↓ with exchange students all around the world.

with host familt at belvedere vienna.

教授；除此之外，新轟家還有頂樓游泳池和超級大的廚房，一切都符合心意，實在是太棒了。轟媽在工作的時候特別嚴格，很多學生私下都有怨言，不過也難怪，我們那屆實在太多人打壞她的規定，比如：巴西學生偷酒、有人偷偷睡進男生宿舍。可是，在家時，她又展現另外一面，經常鼓勵我去做想做的事。要不是因為轟媽，我可能不會有勇氣去參加學校的各種音樂活動。轟爸也很疼我，經常帶我去聽爵士音樂會和到鄉下的湖邊別墅度假。最讓我感動的是，轟爸還送我一張去柏林的來回機票作為生日禮物。因為他要到柏林演出和探望長居在那裡的兩個女兒，便順道帶我去看看歐洲其他的國家。

回想起一開始的挫折，好像做了一場短暫的噩夢，夢醒了，生活就慢慢開始變好了。

登上維也納金色大廳，成為一名小音樂家

換了新轟家之後，不但生活變得更順利，我的德文也慢慢開始熟練起來。學校裡的德文老師不懂英文，所以我根本沒有機會偷

傳統奧地利服飾

Europe tour with exchange students at venice.

懶，就算聽不懂也要去上學。AYUSA每個禮拜都會給交換生們安排德文課，加上轟姐是德文老師，在家裡也經常和我講德文，隨著時間過去，德文在不經意間就融入了我的生活。

在奧地利學習音樂比在台灣容易，台灣很重視樂理的學習，經常會給刁鑽的考題；也許是因為基礎打得牢固，我很輕鬆就在奧地利考到A班。我能夠憑藉聽力就把譜子寫出來，全班同學都嚇傻了，因為這在奧地利是很難的內容。相較於奧地利，台灣的教育的確是特別紮實。

奧地利的放學時間很早，通常下午一點就放學了，我便利用課餘時間練琴。回台灣前一個月，我參加了國際音樂夏令營（Internationale Musiktage Bad Leonfelden），營隊每天晚上都有音樂會。有一天剛結束練琴時，中提琴老師走過來跟我說：「妳今晚就上台演出吧。」我突然害怕起來，真的可以嗎？我才練了幾天時間。但老師都下了命令，於是我和一個主修鋼琴的朋友搭檔，她幫我伴奏。走上舞臺的時候，我頭都不敢抬，彷彿下面坐了一群老虎，目光對視的一瞬間就能把我活活生吞掉。拉完一首曲，雙手都

傳統奧地利聖誕節出來的裝扮惡魔KRAMPUS

europe tour-copenhagen

被冷汗浸濕了。終於，我站起身，臉朝向耀眼的閃光燈，那一刻只看到白光的我，聽見了臺下老師和學生的掌聲，覺得這些日子辛苦的練琴都值得了！

最難忘的表演經歷就是在維也納金色大廳了。每年的音樂節，古典樂團都會在金色大廳表演，我們學校以古典樂出名，在表演中佔有一席之位。學校對這個盛會十分重視，甚至會全天停課讓全校學生都參加排練。當然上臺表演的成員要通過層層篩選，才組成一個最完美的樂團。但是學校也會給每個人一個機會，沒有被選上的同學可以選擇在樂團後面伴唱。

因為我是交換生並不能參加甄選，我執意要求老師給我一個面試機會；如果不試一試，我會留下一輩子的遺憾。剛好學校樂團非常缺中提琴手，老師就讓我去參加面試了。當我走進面試房間，面對著幾個專業音樂教授時，手心沁出一層汗。拉完一曲後，教授給了我一張陌生的譜，要求我當場拉出從未見過的曲目，最後還有樂理聽寫。走出房間時，我想面試這麼難，大概要與去維也納金色大廳表演的機會錯肩而過了吧。

沒想到，過了兩天，我收到了好消息：我被選中當樂團的中提琴手。我可以和學校裡最厲害的音樂系學生們，一起去維也納金色大廳表演了！

我們表演了莫扎特的「彌撒」（背後有幾百人的合唱團）和舒伯特的「未完成交響曲」。整場音樂會持續了三個小時，我的心一

直緊張地隨著古典樂上下跳動，生怕自己彈錯一個音。最後當整個樂團站起來謝幕時，我的眼眶都濕了，我簡直不敢相信16歲的自己能夠在全世界最著名的維也納金色大廳登臺演出了！

交換讓我變得更獨立

來交換之前，我是一個小孩，整個家庭的中心是我，任何事都不用自己去想。如果和朋友有約會，爸媽會載我到目的地；如果想吃什麼，爸媽會煮給我吃。現在無論到哪裡，我都會自己弄清楚交通路線，也學會做一些簡單的食物。畢竟，在寄宿家庭要考慮到他人的感受，轟爸轟媽是輔助我成長，而不是主導我的人。

在奧地利的時候，我學會了理智地講話，改掉了跟媽媽鬧彆扭的毛病。以前遇到不喜歡的東西，就嚷著「我不吃」的女孩子，在一年間不見了。在奧地利，我跟不同的人接觸，走出自己的舒適圈，讓我的思想變得更廣闊——我會把台灣和其他國家作對比，思考每個國家的長處和文化間的差異，並和身邊的人分享自己的見聞。我想，**交換的意義不僅僅是堅定了自己對音樂的追求，還讓我學會了對比不同的文化，把各自的精髓吸收運用到自己的日常生活中。**

改變思考的方式，做一名有彈性的人

謝孟翰

2010年國三畢業後去芬蘭的Muurame普通公立高中交換一年，現就讀於台中市中山醫科大學牙醫系。他在大學裡喜歡上打排球，經常會讓自己多嘗試平常較少接觸的新事物，希望能有計劃的找到並培養自己的興趣。

　　我還記得闔上《芬蘭驚豔》的那一刻：13歲的我對芬蘭充滿了美好的憧憬，那裡的人們平靜祥和，活在當下，享受生活的樂趣……像作夢一樣。作者在書中描述的生活方式無拘無束，既有自由，也有秩序，達到一種有鬆有弛的平衡。經過學校公佈欄偶然一瞥，看到AYUSA的招生訊息：命定似的，芬蘭在向我招手，這不正是去親自驗證自由生活方式的大好機會嗎？於是，國三畢業後，我就搭上了前往芬蘭的飛機，在飛機上很開心的想著每天躺在沙灘椅上，曬曬太陽偷偷懶，也不會有作業的壓力和升學煩惱……像世外

學校的畢業典禮。畢業生會戴上一頂白色的帽子象徵自己長大了。

桃源一樣的優閒，這將會是我接下來一年的生活吧。可是當我到了
芬蘭，才意識到我幻想中「享受生活的樂趣」並不等於「偷懶」，
相反的，芬蘭的教育制度讓我產生了許多思考。

轟爸的桑拿浴啟發了我享受生活

在台灣的時候，由於升學的壓力，每天上學、念書、考試、
補習，一直處於繁重的課業中，沒有時間去思考，也沒有享受過生
活。即使在讓學生發揮特長的社團裡，我也沒有從組織會議、做議

程、招生等活動中，能喘口氣去發展興趣。到了芬蘭，一切的生活重新開始學習。不善交際的我，幸運的住進了一個好轟家。轟媽是居家工作的會計，喜歡織毛衣和打地板球。轟媽和轟爸的英文都很好，每晚我都會和轟家一起看電視、用有限的芬蘭語加上手腳比劃，努力表達自己的想法和他們溝通聊天，他們也都會很有耐心的回應我。

轟弟和轟妹都是小學六年級，可能是因為害羞和語言障礙，他們每次見到我，打完招呼就躲開了。作為大哥哥的我，換位思考了一番：如果我是轟弟，家裡來了一個交換學生，心裡一定很想和他交流，但是礙於語言，自然會覺得很害怕。我就從細小的生活問候開始，一邊練習自己的芬蘭語，一邊嘗試讓他們相信我並不是童話故事裡會吃人的大灰狼。在我經常主動和他們聊天之後，我們之間也逐漸親近了。

慢慢融入轟家的生活後，我發現轟爸每晚都會固定出門一小時左右，我不禁感到好奇：他去散步嗎？可是外面這麼冷，他只穿浴袍……我終於忍不住一探究竟，原來每天不論多晚、氣候多冷，他都會帶著啤酒去隔壁的小木屋裡做桑拿浴。他說，這是專屬於他自己的時間。而生活最大的樂趣就是假日出去玩：夏天踢足球、烤香腸，冬天去滑雪。

轟爸「每天的固定行程」給予我很大的啟發，我在台灣的時候總是一直處於「很忙」的狀態，沒有時間思考和享受生活的感覺。

芬蘭人生活必備的桑拿房。
轟爸每天都會來,後來連我
三不五時也會來待一待呢。

我為轟家煮的中式午餐,雖然不是豪華料理,但愈是家常料理愈大受好評呢。

學生們的休息區有沙發、電視、西洋棋等，可以在下課時好好放鬆一下。

於是我開始空出時間去思考生活，然後獨創了自己方式：每天下課後，我會在轟家附近的社區晃一晃，或在住宅區旁的森林裡繞幾圈，摸摸樹幹，呼吸新鮮空氣，慢慢品嚐悠哉的感覺。假日我會泡一杯茶，一個人在陽臺曬太陽、看書。

學校運作方式讓我驚慌失措

開學第二天，顧問帶我去選課，我感到十分訝異：課表是由自己排？在台灣，學生的課表、作息都是被安排：早上七點大打掃，下午上課，然後晚自習到九點半。正式上課時，我更是感到不習慣：一進課室，大家都看著我這個東方臉孔的外國人，很吵鬧的教室一下子變得安靜下來。雖然同學們都很和善並嘗試跟我互動，可是一個芬蘭詞都聽不懂的我覺得這一個半小時特別漫長，不知道到底該做什麼。每次和同學們聊天都很容易冷掉，我只能用英文加手比劃著和他們溝通。大概花了兩個月才進入狀態，慢慢熟悉學校事情和日常活動。

尷尬的感覺漸漸褪去之後，我開始享受芬蘭豐富多彩的課程：

表演藝術、美術、數學。有一次的表演課，老師一推開門就說：
「今天我們來玩遊戲。大家要運用肢體語言表達自己。」我們分成
兩組，一組拿著紙條，紙條上有一系列的動作、表情或者口號指
令，用盡方法表演給另一組的人猜；誰表演出讓別人猜中的指令，
就得分。

　　臨近期末的時候，老師突然說要在畢業典禮上表演小短劇，
當做送給畢業生的禮物。我一聽就慌了，每次上課都在玩遊戲，好
像沒有學到表演啊？可是當老師發下劇本，分配角色的時候，大家
都能自然而然的把角色流暢地演繹出來，好像與生俱來在血液裡流
淌著藝術細胞。大家在舞台上，一舉手一投足都能活靈活現地扮演
著角色。原來，學習並不是要一直坐在課椅上聽老師灌輸知識才算
「學到東西」；在平時，老師鼓勵我們觀察生活中的體驗，帶入不
同的事物，甚至用一整個學期做表演遊戲也是學習的方式之一。

開放性的學習打開我的視野

　　有一天轟弟和轟妹帶了自己做的木頭湯匙回家，驕傲地告訴我

們，他們今天學會了怎麼雕塑木頭的技能。這堂「木頭手工藝課」讓我印象最深刻。芬蘭老師不會規定學生要做什麼，只概括性地佈置了做「生活中用得到的容器」。我覺得很受啟發，**芬蘭從小學開始就尊重每一個人的選擇，並且不會將他們的想法侷限在框架中**，只要教會基本的技能，之後就讓他們自由發揮。芬蘭小學的課表和台灣一樣，是由學校安排好的，可是上學時間大不同：每天最多上五、六個小時，最早的上課時間是8點，最晚的是10點；並在下午2點準時放學。

高一的美術課和轟弟的小學課程有些相似，老師教會我們基礎的技能，然後讓我們自由發揮。數學課也是如此，老師只教會我們怎麼解一元二次方程，然後出5~10條的變化題，讓同學間互相討論、解題。功課不會算成績，只要我們掌握怎麼運用基礎的知識，然後自己思考延伸的題型，就是整堂課的目的。相較於在台灣學的刁難數學題，特別是需要死記硬背解題方法的題型，芬蘭的數學課讓我覺得輕鬆不少。

在芬蘭學校，師生的關係很親近，學生想到什麼問題都可以直接問，老師會當場認真回答，幫你處理。甚至如果我們想到其他有關聯的東西，老師也會繼續鼓勵我們發散性思考。學校時不時會籌辦額外的活動，例如聖誕夜晚會、學生競賽和運動會等等。學生會總是爭取為學生做事，打造了舒適的公共場所讓學生休息。放學後，我們都有很多時間去做自己感興趣的活動，我常利用這段空閒時間整理思考一天所得。

第二個轟家。第一個轟家因為全家要出國，無法繼續接待我，所以換了轟家。儘管在這裡待得不久，但還是很愛這裡的環境。

第三個也是最後一個轟家。因為在第二個轟家過敏太嚴重，臨時又換了一個轟家。轟家每個人的熱情讓我短暫的停留難以忘懷。

芬蘭高中生最重要的一天

芬蘭的高中生都會經歷人生中最重要的一天：畢業舞會。在那天，高中生們都會盛裝打扮，然後在全校的注目下，挽著舞伴的手緩緩入場，跳舞。所以臨近舞會時，學校會專門空出一堂課讓學生練習社交舞，並讓我們自己去約舞伴。有位不太熟的女生問我要不要當舞伴，我緊張的臉都紅了，氣氛超級尷尬，但機會難得就答應了。

終於到了舞會那一天，和我想像中或看電影的不太一樣，舞會不單是在晚上，而是從白天到晚上共分三場，每場都會換地點表演。早上大家被分成3~4組，每組去不同的地方跳舞。我去了小學和幼稚園共用的體育館，和舞伴跳了三支舞。結束之後，大家到市區的飯店，像中世紀的皇宮貴族一樣，享受了一頓高檔的午餐。下午大家又轉移到學校的體育館，也跳了三支舞；然後才來到為家人和朋友舞出的正式晚會。

晚上的舞會是最正式的，所有學生的家長都會來參加。學校的體育館是一個標準籃球場，舞者必須按照順序出場，主持人會一一唱名：「今天舞會的參加者有……」。與會者聽到自己名字後便牽著舞伴的手走出去。當我牽著舞伴的手走出去的時候，全場的目光都集中在我們身上，心裡原本很緊張但想到一切都是準備充分的，就不害怕了。因為很清楚自己要做什麼，所有的舞步都在腦海裡井井有條地浮現，我好像在打遊戲通關似的，每跳完一支舞就偷偷的

給自己加分。之後，我的女伴約她爸爸跳一支舞；我也向轟媽邀舞，又和芬蘭同學跳了一支舞作結尾。最後是拍照時間，持續了一整天的舞會才圓滿結束。

成為一名有彈性的人

回台灣之後的我又經歷了一次文化衝擊，習慣了在芬蘭的自由選課，又得面對國中被排死的日程；習慣了芬蘭不用穿制服的日子，又得每天穿著一成不變的制服。**但一年的交換生，已經教會我做一個有彈性的人，無論外在的環境怎麼變，我都能順暢地適應整個環境，做出最好的選擇**。以前做事只會想到一種可能性，現在會多想幾個層面，考慮各項決定的利弊，如何提高效率，如何空出時間來思考自己對生活的要求；也常會自問，自己想成為怎麼樣的人。從個人的層面看，我希望能充實知識，能看到事情的盲點，學習別人的特質並內化成自己的一部分。從社區的層面看，這一代開始崛起，年輕人要學會培養公共意識，意識到自己所做的每一件事都會影響到下一代人。

「我扮演著怎樣的角色，有著什麼樣的價值？」這兩個問題將會伴隨著我一路成長，而我也會不斷地思考自己對社會的作用。我想，這是出國一年當交換生最大的收穫。

青生代的發聲：
「我希望台灣變得更好」

「壞學生」其實很厲害

對我來說，歐洲並不是一塊遙遠而模糊的版圖。十歲的我有幸揭開了它的神秘面紗，通過人本基金會組織的自助旅行方式，到德國慕尼黑深入了解當地的風土人情和二戰歷史。漸漸獨立長大的我，產生了去北歐當交換學生的念頭；聽說芬蘭是北歐國家中最先進的，我便向AYUSA提交了申請書。

在雙腳未踏上陌生的土地前，我的心總是忐忑不安。芬蘭人的英文很好，但會不會不願意跟我這個外國人溝通？他們會不會對我很冷淡？果然，第一天我空降到學校，沒有一個人跟我講話。大家都安排好了各自的時間，我這個交換學生的出現並沒有引起太大注意，地球少了我也不會停止轉動。後來和大家熟絡了，我才發現原來芬蘭同學都是外冷內熱的。事實上，他們很重視我這個台灣來的

做台灣的簡報

宋運川

高一時去芬蘭交換。回台灣後，開始打工自力賺錢，曾在成人學校做工作人員、人力公司展覽會為外國客戶做翻譯，也曾在機場工作。在台灣接待過AYUSA的德國學生，從做一名交換生到學習做一個好轟家。現在就讀於國立台北教育大學的音樂系，擁有自己的樂團System Control，並積極參與台灣近年來的社會運動。

交換生，經常請我介紹自己的國家，給我很多選課建議，還輔導我寫作業。

第一個與我搭訕的芬蘭同學Sami，他的英文很流利。可是在台灣，他就是典型的「小痞子」、「壞學生」：英文課被當，留級很多次，不想上大學，甚至快被退學……但是他的英文能力和社交能力是所有同學裡最棒的。他會主動去認識陌生人，甚至很快就能和他們成為好朋友。在大家眼裡，他和「壞學生」的標籤絲毫不沾邊。

芬蘭的高中制度和大學制度十分相似，學生可以自由選擇課程。每上一節課就換一間課室，沒有班級的概念。原本在台灣習慣標準化課程的我，有了自主選擇權，天空一下子變大了：舞蹈課，體育課，樂團課，錄音課，美術課，剪輯課，平面藝術課……每一堂課聽起來都很有趣，我一下子就被激發了對知識的渴求。於是，我把很多在台灣修不到的課程統統收入囊中，盡情享受芬蘭高中的福利。

我也在這裡發現了自己的興趣愛好：音樂。

藝術成了我的生命中的一部分

芬蘭的藝術教育很成功，有許多樂團都是世界等級的。我經常趁著空閒時間去聽當地的音樂會，和去圖書館借台灣很難找到的樂譜和CD來練習。在台灣，音樂經常被視為純粹的興趣，但是在芬

跟轟爸在教堂伴奏

學生一起討論

在全校面前表演

蘭，大家的價值觀都比較多元化發展，做音樂和做醫生或律師一樣平等。不但如此，音樂人把藝術視為職業，它和生活及副業和平相處，在享受藝術的樂趣同時獲得平衡。

芬蘭人把時間視為成本，花時間在音樂，所求的並不僅僅是「開心就好」，而是要求自己一定要做出成績。回台灣之後，因為受到芬蘭音樂人的啟發，我對自己的樂團System Control野心變大了，態度更加認真。我的樂團也開始寫英文歌，希望有一天能夠打入國際市場。

藝術課有一個特點：選了什麼課，就有什麼樣的特殊表演機會。我的舞蹈課的課程目標是，在畢業典禮時上台表演給全校師生看。這是一個難得的機會，在台灣有樂團基礎的我，馬上毛遂自薦幫朋友伴奏表演。我的主修樂器是吉他，但是我在芬蘭時又新學了爵士鼓，在畢業典禮上行雲流水似地表演了兩首芬蘭語的歌曲伴奏，被全場目光聚集的感覺，既熟悉又充滿了成就感。

戶外藝術也是很有趣的一門課程，學校專門在校門口設置了一片空地，讓學生們畫裝置藝術。我的作品是假影子；對於一個從未見過永晝永夜的外國交換生來說，我覺得十分驚奇：為什麼太陽每天只露臉幾分鐘又消失不見？為什麼旗杆會在永晝永夜下產生奇怪的影子？

我順著旗杆一直繞圈，一路觀察，才摸出個所以然來。我先在紙上把旗杆畫出來，用黑色的材料做了一個假影子貼在地上。太陽

上報啦！

跟聖誕老人合照

在風雪裡跟朋友出遊

下山後，所有的影子都會消失不見。除了我的旗杆之外，大家經過校門口的時候都愣了一下，然後才反應過來是裝置藝術作品。原來課程的目標就是，讓同學去思考平常生活中容易被忽視的細節，並讓其他路人注意到生活中充滿美感的小驚喜。

錄音課也對我的藝術道路幫助很大。一個學期的課程安排很緊湊，我們會和外界專業錄音師學習交流，學期末還要在校外做發表會。上了這門課的同學畢業後就是一名錄音師，所以老師並不把我們當做高中生看待，要求非常嚴格。這門課對我的樂團幫助很大，回台灣之後，我的錄音技術至少領先同齡人4～5年。

通過這幾門課，我開始思考樂團之後的發展方向和自己以後的職業選擇。在台灣高中畢業前，我請教了很多師長對於專業的看法，考慮過許多選擇，包括媒體、戲劇表演、大眾傳播和音樂專業。最後，還是尊崇自己的內心，選擇了音樂系，主修吉他。

在社運中為台灣新生代發聲

五月底交換生涯結束後，我一個人搭乘各種交通工具在歐洲旅遊了一個月，一共行走了八個國家：瑞典、丹麥、德國、奧地利、義大利……坐過清晨的廉價航空，也在青年旅社裡結識了世界各地的朋友。

在旅途中迷路了，就想辦法自己解決；在陌生的地方不懂得怎麼坐公共交通，就比手畫腳地用自己所知的語言詢問當地人。甚至

在交換過程中，轟家不再接待我，也不願意幫我找下一個轟家，我就到處去問同學，有沒有家庭願意接收交換生。

當交換學生帶給我最大的意義是，學會自己做決定。交換學生的角色就是新生代的代表，把接收到的新事物以新思維表達出來，讓更多的人了解世界另一端的事情，慢慢地讓有國際觀的青生代接管社會。

受到芬蘭民主價值觀的啟發，交換回國半個學期後，我參加了2014年3月的太陽花學運，4月的護樹運動，5月的反核運動，一直到2015年5月的反課綱運動。在一系列的社運中，我感受到了台灣社會的脈動和民主的素養，這是台灣進步的徵兆。做為一名學生，尤其是有過歐洲交換經歷的學生，我們是國家新生代的代表。年輕人每天接觸到新的事物、新的人，更容易為社會問題提供一個特別的切入點。青生代將會慢慢接管社會，而我，一個去過芬蘭的交換學生做為社運的領導人，更加有責任交流老生代、中生代和青生代之間的看法，在思想火花的碰撞中，希望台灣會在青生代的帶領下變得更好。

把台灣文化帶到蘇爾塞

　　一提到瑞士，我腦海馬上浮現好萊塢犯罪電影裡的經典橋段：殺手們都把大量金錢和武器存在號稱世界最安全的瑞士銀行裡，當遇到敵人的時候，他們立即登上前往蘇黎世的航班，通過重重保密機關取出自己的財富來避難。當我來到瑞士之後，發現正如傳說中的一樣：瑞士銀行的客戶都是國外的有錢人，必須擁有三百萬美金才能開一個帳戶。但當地人卻都不喜歡瑞士銀行，因為擔心會被洗錢。

瑞士的德文自成一派

　　瑞士的多元化最讓我著迷。它主要分為四個區：德文區、法文區、日爾曼區和義大利區。我住在德語區，面積小，鄰裡交流很方便，但大家都很安靜，不會主動和陌生人搭訕。義大利區的天氣比德文區好，居民特別熱情；而法文區的步調很慢，超市裡賣的東西

瑞士馬特洪峰

羅珮云

羅珮云，剛滿17歲時到瑞士中部蘇爾塞
Kantonsschule Sursee交換一年。目前在台中就
讀高中二年級。

瑞士嘉年華，全校學生都要變裝參加。

琳瑯滿目。很多華人來瑞士旅遊，我會抓住機會充當翻譯，一邊練習德文聽力，一邊學習不同的語言。

　　瑞士人特別講原則，店家營業時間到就準時打烊，甚至關門前五分鐘會先告知顧客，不會為了多賺點錢而延長營業時間。汽車會主動停下來禮讓行人，即使沒有斑馬線、沒有紅綠燈，也不會有人車爭道的問題。路邊的停車格是自動繳費制，停車者自行去旁邊的機器繳錢。沒有人開單也沒有人逃費，因為瑞士人很信任他人。不像台灣有專人每小時去開單。大眾運輸也是無須驗票就可以自動上下車，十次裡有三次才會遇到驗票員查票，如果被查到逃票，就必須要付比車票多幾十倍的罰款。

　　來到新的國家，語言障礙是最大的挑戰，剛開始我的德文隻字不通，既聽不懂別人說什麼，也經常抓耳撓腮不知道該如何回答。剛到轟家的時候，他們就跟我說，前三個禮拜可跟我講英文，剩餘的一整年就和我講德文。

　　我和芬蘭好友Frida結為學習搭檔，經常去對方家裡作客並練習口語，有時也會一起去書局看德文書。瑞士德文和德國德文有很多

學校夏季體育日，主題是足球。

參加歐遊團，認識各國的朋友。

細節的不同，瑞士德文有自己的獨立文法和不一樣的單字。平常在學校的數學課我還能稍微聽懂一些，其他的科目就必須筆記寫下關鍵的單字，課後再查詞典。

化身台灣文化小使者

　　來瑞士之前我就做好打算：學習並不是交換的目的，而是要把中華文化讓世界另一端的朋友知道，並學習他們的文化，才是我當交換生的意義。未動身前，我就早早做好功課，算好轟家每個人的生肖，然後替他們都準備了生肖鑰匙圈當見面禮。他們對生肖很感興趣，之後有親朋好友來家裡作客，轟家都會請我幫朋友們算生肖。中秋節時，我送了一套茶葉給轟家，搭配月餅一起吃，和他們分享中秋節的典故。

　　轟家的聖誕節像台灣的春節，全家聚在一起享天倫之樂。聖誕樹不是用買的，而是全家出動親自去森林裡砍。我們在偌大的森林裡繞了好多圈，摸摸樹幹，摘下樹枝，聞聞樹香，好像平常逛街買衣服似的，貨比三家才滿意。轟家對聖誕樹還有三點要求：第一，要看得順眼。第二，不要頂到天花板。第三，葉子要豐富。轟家和

農曆新年，請轟爸轟媽穿上中式服裝，在家裡貼春聯。

要回台灣了，轟家到機場送機。

獨自前往義大利米蘭觀光。

另外幾個家庭組成「砍樹幫」，每年像固定班底似的，大家選好聖誕樹之後就會聚在一起喝啤酒，然後才各自回家裝飾聖誕樹。

那年我和轟家一起替聖誕樹掛上了小型聖誕老人、彩球、木質雪花……夜幕降臨時，轟家點亮了樹上的燈，整顆樹像一名從天而降的仙女，帶著滿滿的禮物來到人間。拆禮物的時候，我發現了一罐Nutella醬，上面畫著「I love Nutella」的圖樣——原來是轟家特製送給我的禮物！我的眼眶濕潤了，認識不到半年的轟家對我這麼好，我實在是太幸運了。

轟家還有一個有趣的規定：每個月每個人都要挑一天煮飯，讓平常做飯的轟媽休息一下。我和轟姐、轟弟都煮自己愛吃的東西，

瑞士中學制度

瑞士的中學教育分為普通高中和職業學校。中等職業教育的學制分為二年、三年或四年。學生畢業後分別獲得聯邦政府頒發的「聯邦職業教育證明」、「聯邦中等職業培訓證書」和「聯邦職業高中會考證書」。在課程設置上，學生每週有1~2天在學校學習理論，3~4天到企業當學徒進行實際操作。高等職業教育主要是指「應用科學大學」，是瑞士政府於1996年將散落於各地40多所的高等專業院校合併而成。全聯邦共有9所，其中公立7所，私立2所。凡在四年制職業高中畢業並獲得「聯邦職業高中會考證書」的學生，可直接被應用科學大學錄取。

我做過雞湯、咖哩飯和水餃。做水餃的那天，我花了一整個下午擀麵皮、剁肉餡、調味料；出鍋的那一刻，我心裡放下第一塊大石頭，當我緊張地看著他們咬下第一口水餃，在嘴裡慢慢咀嚼，最後終於嚥下（也許是緊張吧，一切在我的眼中都變成了慢動作），他們欣喜地說：「謝謝，很好吃，我們很喜歡。」我心裡才落下了第二塊大石。

學生用投票選擇考試日期

瑞士的學校有很多假期，十月放兩個禮拜的秋假，十二月中放兩個禮拜的聖誕假，二月和四月又放兩個禮拜，暑假則長達有五個

禮拜。夏天時，我和同學會去湖邊游泳，冬天時一起逛聖誕市集。平日的上課時間也不長，放學時間是下午三點到四點半。放學後，我們都會參加社團或發展自己的興趣愛好：轟姐參加管樂團，轟妹去溜冰，我參加飛盤隊。大家都很注重自己的休閒時間，放假就盡情去玩，上課就專注認真學習。

　　瑞士學校上課不用跑班，固定和同班同學一起上課，除了音樂美術課和其他班一起學習以外，其他課程都是學校統一編配的。學校的同學難得見到亞洲面孔，很好奇我從哪裡來，一開始還會好奇地過來班上看我長什麼樣子，後來慢慢開始打招呼，到最後結交到很好的朋友。同學們的自主性都很高，老師只要一說考試範圍和時間，同學們會立刻把日期記錄下來。正因為同學們對學習的重視，老師也會給我們福利：如果某一週有兩個以上的考試，同學們就會和老師商量把其中一個延後，讓大家能準備得更充分。老師便在黑板寫出幾個日期，讓大家投票選擇。學校裡也鼓勵我們合理利用工具，比如說數學考試可以帶計算機（螢幕像一台小電腦，還有專門的說明書教學生們怎麼使用，我問了同學好幾遍才終於學會）。

發現飯店管理的興趣

在台灣的時候，我想做什麼就做什麼，該跟家人討論的時候，我硬要按照自己的方式來決定，一分一毫也聽不進別人的意見。在瑞士的一年裡，無論是做翻譯，還是和轟家相處，種種細節讓我**學會了耐心傾聽別人想要表達的內容，學會了怎麼尊重他人**。和轟家旅遊的時候，我會靜下心和他們討論去哪裡、吃什麼、現在這個季節做什麼比較適合。每個人的意見不同是正常的，關鍵是學會如何從許多不同意見中間找到平衡點。

我逐漸喜歡上了與不同的人打交道，幫他們處理大小事項的滿足感。瑞士交換經歷讓我在人與人之間的相處中發現了自己的興趣：觀光業的飯店管理領域。我以後也想繼續認識來自世界各地的人，為他們提供一流的住宿服務。再長的路，一步一步也能走完；再短的路，不邁開雙腳也無法到達。世界很大，看得愈多才知道自己知道的很少。有念頭就去實現，永遠不嫌晚，用力的展開翅膀去飛翔，為自己的人生寫下璀璨的篇章。

用筆記本學德文，
一個人旅行也不怕

提起美國，我想到的是學了十幾年的英文和好萊塢的星光璀璨；提起西班牙，我想到的是熱情奔放的佛朗明哥和悠久的美食文化；提起德國，卻沒有什麼強烈的印象，從課本的認知是「工業很厲害的國家」和「德國人很死板」之類的刻板。雖然我喜歡大熔爐式的美國，它總是在太平洋的彼岸搔首弄姿，以多元化的招牌吸引世界各地的菁英；可是我內心有一個小人在耳語：去歐洲能多學一門語言，接觸新事物，為何不選擇去歐洲交換呢？於是我帶著猶豫在AYUSA的交換表格上填上了德國。

用筆記本學德文

相較於台灣的人情味，德國是一個中規中矩的國家：該怎樣就怎樣，就算有特殊情況也絕不會繞彎去辦事。我剛到德國的時候，

吳佳芸

從小到大感覺一直在唸書，想做一些不一樣的事，於是16歲時到德國漢諾威當交換學生。在德國那一年，我常利用空餘時間，當天來回環遊國內各大城市，激發了對觀光業的興趣。現在就讀德國布萊梅大學二年級，主修觀光管理，我希望在跟旅客接觸中，能學到更多不同文化。

看到街上每一個路人都板著臉，絲毫感受不到一點溫暖。恰逢多雲的秋季，陰鬱的天空和沒有人情味的陌生國土讓我更想念台灣。無論在學校、公車上、便利店付錢時，每個人一張嘴就是一口流利的德文，相比之下，我笨拙的神態和坑坑巴巴的德語把我孤立於世界之外 。即使是問路、買東西等這些簡單的日常對話，我都聽不懂。放學後，我經常走到河畔，時而佇立靜思，時而黯然神傷，就這樣靜靜地度過一個下午，看著水放空，像是活在典型歐洲電影裡一般，給自己的所有情緒放假。

　　一個月後，我對自己說，該振作了！於是，上課時我開始把筆記本當日記本，用中文和有限的德文草草地記錄下今天老師同學們在聊什麼和做什麼 。班導René很友善，知道我不太懂德文，就在德文課和歷史課上用英文解釋，剛開始的幾個月跟我用英文溝通。在小組討論時，班導總會熱切地詢問我要不要加入德國學生的小組，他知道我害羞，還親自坐在小組幫我翻譯和講解文法。在他的幫助下，我的德文進步神速，很快就能聽得懂需要做的事和日常溝通；加上轟媽在家也只對我講德文，一年後，我成功通過了德文B1水準考試。

德國中學制度

德國的中學制度有 Hauptschule（職業教育）、Realschule（實科中學）、Gymnasium（義務中學教育），還有將上述三種學校的教學方向融合在同一所學校內的Gesamtschule（綜合中學）。綜合中學的就讀年限分為兩個階段：一是義務教育階段，由 5~10年級或7~10年級；二是志願教育階段，最高可到 13 年級。學校將會依照學生的年齡及在校成績來進行年級及課程規劃，大部分的課程包含數學、德文和自然科學。

置身童話中的聖誕節

　　德國四季鮮明，每一個月份都爭奇鬥艷地向人們展示自己獨特的風騷。十二月是其中的佼佼者，它冰冷外衣下藏著一顆熱辣的心。德國學校統一放假兩個禮拜，這對於學生們來說是再好不過的事情了！穿梭在皚皚白雪和閃著燈的聖誕市集中，我有種置身於童話世界的錯覺；看著路人走在給家人愛人買禮物的路上時的欣喜神情，或者剛從聖誕市集吃飽的滿足神情，即使是裹在羽絨大衣裡，腳步一深一淺地踩著白雪的我，也有一股暖意升上心頭。

　　美食，是另一個讓十二月變得溫馨的原因。從佈置聖誕樹的十二月初開始，無論是家裡，還是城市的各個角落，都滿溢著食物的香味。聖誕市集有熱紅酒、烤香腸、烤雞、披薩、薯條等食物，

有當地人做的手工藝品，和給小朋友的旋轉木馬。聖誕節當天，在轟外婆家吃完香腸、肉排、蔬菜和霜淇淋後，親戚隔天又來轟家一起吃蛋糕和喝肉丸湯。到了元旦，我去朋友的轟家繼續品嚐美食；一起玩遊戲、聊天，到了十二點，我們趴在窗邊看閃亮了星空的煙火。那晚，每家每戶都捨不得早睡，我也在喧鬧聲中把第一個在異國的跨年夜銘記於心。

歐洲走透透

　　做為一名未成年的交換生，晚上十二點前必須回家的門禁讓旅行變得不切實際。可是，喜歡到處亂跑的我哪能受得了美景美食的誘惑呢！於是，我總是利用週末時間，跳上最早班的德鐵，兩三個小時後，我便在出現在德國另一個城市。一天走完一個城市的雄心壯志是緊張而刺激的，這考驗我的規劃能力──去之前先安排好要看的景點，抵達目的地後再根據疲憊程度增加或刪減稍微有興趣的景點。

　　後來再回到布萊梅讀大學，我把「亂跑」的精神發揚到整個歐

AYUSA對交換生說的話

德國開學時間約在 8~9月，而結業時間則在 6~7月。在課堂上老師以德語教學，建議學生在前往德國前，能夠建立基本的德文基礎，例如在台灣參加與德國相關的社團活動或是報名語言機構的德文課程。

洲，讓每一吋土地都留下我的印記。 去年寒假我從東歐一路南下，在旅途中， 我發現歐洲每個國家都有各自獨特的風情。布拉格的查理大橋上，每一座雕塑都代表著一段歷史或者一個故事；我在橋上遠遠望去，平靜的湖面時而劃過一兩條船，蔚藍的天空和紅頂的房子相映襯，即使身邊遊客熙熙攘攘，我在磚瓦中彷彿看見了中世紀的日常生活。斯洛伐克是小而精美的首都，這個城市有許多可愛的雕像，我最喜歡的是一個端著槍從井底蓋爬上來的男人── 路人如果不留心，會在匆忙的腳步中錯過。布達佩斯的鏈橋最讓我驚豔，晚上看它亮起燈的樣子和白天的強烈反差，像是從鄰家碧玉變成了濃妝豔抹的女王，橋上的兩座拱門如同巴黎凱旋門的壯麗。來希臘之前，我對它的印象是「大家不知道幹嘛，很混」的一個地方。反而成為這次旅途中最喜歡的國家，漂亮、歷史悠久，站在帕德嫩神廟下有一種感動，感嘆其幾千年文化能夠保留到現在。

我把德國人想得太乖了

經過德國一年交換後，我對台灣朋友們說，「德國學生都有自己的目標和理想，對未來有規劃，才不會上課睡覺、下課也睡覺呢。」可是進了德國大學之後，才發現德國學生也會翹課，也會拖延，也會不交作業，也會偷懶（好像世界各地的學生都一樣啊）。在德國三年，我漸漸發現德國人並不像傳說中的「遵守規則」、「很乖」、「很死板」。他們是一個外表很冷漠，內心很有趣的民族。記得有個週末我到漢諾威，看到一個可愛的小妹妹在電扶梯旁頑皮地摸來摸去，她爸爸看著她的小髒手說：「手不能抹在外套上面哦！」有個路過的陌生人聽到這句話，就從口袋掏出一包濕紙巾塞到小女孩的爸爸手裡，還沒等他反應過來，他已消失在人海之中。親眼目睹了現實版的「做好事不留名」的我，頓時覺得很衝擊——通常德國人在公車站都不會對人微笑，經常掛著事不關己的撲克臉，怎麼會做管人閒事的熱心小舉動。而我的德國朋友們開車會超速，會闖紅燈，也會頑皮地捉弄人……當初天真的我，把德國人想得太乖了！

熱情讓我擁有全世界 101

兩年後，我和德國再次相遇

　　十五歲到十六歲，這一年，我從一個不需要做家事的千金小姐，成長為一個擅烹飪、洗衣服、能打掃的家事小幫手；從一個沒有方向感，甚至在自己家附近也會迷路的路癡，成長為一個訂了離轟家三百哩的陌生城市火車票，一天來回遊遍各大景點的旅行達人；從一個一句德文都不會說的含羞草，成長為能夠向陌生人搭訕的社交王。一年的變化甚至讓我對自己刮目相看。

　　經過學測和一年台灣的大學生活後，我又回到了德國。在台灣的大學生活強差人意，為了上大學而上大學，和高中的填鴨式沒有什麼區別，而同學們好像更沒有上進心和企圖心。慶幸的是，德文語言能力給了我多一種選擇。因為之前在歐洲旅遊的經歷讓我喜歡上與別人分享景色的滿足感，於是我申請了德國布萊梅大學的旅遊觀光業，希望可以認識來自世界各地不同的人，學到更多不同東西和文化。

時光倒流八〇年代，
我在柏林留長髮玩搖滾

念建中與交換生的抉擇

　　為什麼選擇德國？報名表上列了一大串國家，我毫不猶豫地勾了德國。大概是因為我從小喜歡汽車，而德國的工業設計很發達吧。當下我並沒想那麼多，把報名表填好，提交後就繼續準備基測的國三生活。那年夏天，我不僅收到了建中的錄取通知書，也得到了夢寐以求去德國柏林的交換機會。怎麼辦？一邊是全台北最好的高中，一邊是去世界另一端知名的搖滾樂城市——我的腦海裡一下子湧出各種聲音：「潘藝恩，難道你不怕過了一年，很多知識都忘了嗎？上了建中，就代表以後能考上好的大學，能順利地找到工作，這樣的人生你不想要嗎？」

　　「可是，在十六歲去柏林的機會，一生中只有一次啊……」
　　我想，趁我還年輕的時候，花一點時間去認識外面的世界，說

潘藝恩

小五時曾去英國當過小小交換生。
國中畢業考上建中後，辦理休學，
去德國交換一年。現在就讀建國高
中二年級，是熱音社的主唱。

Road Trip。與轟家一起到南部旅行，和轟弟轟姐在車上
搞怪，聽著好聽的CD，度過長達6個小時的車程，

不定回來之後，我不僅可以更了解自己多年來在學校和補習班兩點一線生活的目的，也可以找到自己的興趣和未來的方向。

糟了，在德國不能做大少爺

　　剛下飛機，我的轟家就給我一個緊實的擁抱，立即接受我是家庭的一份子。在台灣的時候我是不折不扣的大少爺，飯來張口茶來伸手，吃飽把還有幾口剩菜的碗盤往桌上隨便一放，就回房間玩遊戲了。當然，我留下來的爛攤子是老媽幫我收拾的；大少爺的十指怎能沾陽春水呢？可是剛到轟家的第一天晚上，我發現家裡的每一個人都會做好自己的事，還會互相幫忙收拾碗盤──他們絕對不會給轟媽從煮飯到洗碗包辦一條龍的機會。我在家做慣大少爺，出外怎麼裝也得裝作一個很乖很勤快的交換生啊！我偷偷地觀察轟媽如何開火煮飯，平常也下廚房幫忙做晚餐。我漸漸體會到做飯的樂趣。有一天，我煮了白米飯來配轟媽的南美洲菜餚。轟媽一嚐，驚歡道：「Oh my God！我在哥倫比亞吃了二十年的白米飯，都沒有吃過像你做得這麼好吃的！」我心虛地笑了笑，騙她說，「沒什麼、沒什麼，亞洲人的主食嘛，我們都是從小練的。」

聖誕週在轟奶奶家的壁爐之
夜。我和轟弟轟姐窩在沙發一
起看藝術書。

柏林開啟了我的樂團夢

　　轟家和我最親近的就是小我半歲的轟弟了。在機場見第一面的時候，感覺他是這個世界上最遙遠最不相關的同齡人了，可是慢慢接觸後才發現我們有很多相同的興趣：80年代的搖滾樂、柏林的流行文化、彈吉他、美國英雄動作片⋯⋯我們很快就成了形影不離的好朋友，經常在一起練樂團。有一天，他提議要一起組一個樂團，他做吉他手，他舊樂團的好友做貝斯，我做第二吉他手，我另一個朋友Damian做替補鼓手。我們每次練團都不能去設備最齊全的2號室，只能窩在小小的3號室裡練。轟弟有次一拍桌子，當場決定：「不如我們樂團就叫3號室（Raum Drei）吧！」大家全數通過。我們四個人自己寫歌填詞，每週三都去練團，終於在一個學期的努力下，有了兩個拿得出手的小演出。轟家所有人都來捧場，還邀請他們的朋友來看我們表演。

　　這是我人生中第一個樂團，我們在台上既緊張又興奮地演唱著自己的原創歌曲。表演完卻有著極大成就感。我不禁想，如果我是一個台灣高中生，我的夢想估計也被考試、排名和成績淹沒了。

除了自己的樂團，我還加入了學校的樂團，擔任爵士鼓手。當樂團開始招新人的時候，我毫不猶豫地就報名了。其實我沒有學過爵士鼓，但是這不會阻止我嘗試新事物的心，第一次練團逕自走到鼓旁坐下，試著敲了一些節奏出來。沒想到，班導（音樂老師）恰好聽到，大大讚歎我的節奏感強，這不經意的一句話就開啟了我對爵士鼓的樂趣。每次練完團，我都會上網找打鼓的影片默默學習。三個月後，班導就給了我一個十六小節的爵士鼓獨奏的演出機會，讓我展現自己的技巧；每次在舞臺上，被唯一一束閃光燈照著，聽著全場寂靜而只剩自己澎湃鼓聲的時刻，實在是太棒了！

多方位的體驗異國生活

我還參加了學校裡最道地的足球隊。球隊裡的同伴們大多是從小開始練球，所以都很厲害，和他們在一起做熱身運動真的很辛苦，因為他們的目標是足球員，而我只是去體驗而已。無論草地結冰、下雨、下雪，都照練不誤，對於我來說是一個新的挑戰——相較於在台灣的體育課，一下雨就改為室內，實在是太輕鬆了！一年的體力挑戰，說長不長說短不短，我竟然咬牙堅持下來了！可能是因為在台灣沒有這樣的機會，在新的國家就抓緊一切機會讓自己鍛鍊身體。

相較於台灣的高中生，我發現**德國高中生有很多時間培養自己的愛好和交朋友**。德國的同學經常邀我去他們家玩，他們會把音樂開到最大聲、跳舞、吃零食，生活很隨性。轟弟最喜歡吉他和噴

冬天與轟家一起到奧地利滑雪板。這是我第一次看到這麼美這麼多的雪。

Snowboard in action。經過1~2小時的練習後，完全沒接觸滑雪的我漸漸能掌握在雪板上的平衡感了！

漆。有一次，他帶三個朋友和我，一起坐地鐵到柏林的郊區玩噴漆。一出地鐵站，我就傻眼了：這不就是傳說中的鬼屋嗎？一片廢棄的住宅區，掛滿了蜘蛛網，方圓百里沒有人煙，窗戶和牆壁都是苟延殘喘的模樣……還沒等我反應過來，轟弟就已經爬上了鐵皮屋頂向我招手示意。我們在那裡整整「探秘」了五個小時，我們拿著噴漆從鬆鬆垮垮的屋頂畫到潮濕陰冷的地下室。天黑了，我漸漸地不那麼害怕了，反倒是轟弟鬧著要走，就這樣我們結束了在柏林最驚險刺激但又最瘋狂的一天。

另一個有趣的體驗是文化分享課。春節時，我向班導申請了兩堂課來當「潘老師」，教同學們寫春聯。我的毛筆字只在小學六年級學過，之後很少接觸，但水準還保持得不錯。德國同學大多只拿過畫筆，沒見過毛筆，更別提用它來寫字了。一開課，我就先將什麼是書法，什麼是毛筆，它怎樣運作（蘸水和墨汁），台灣傳統文化裡的春節和春聯是什麼象徵意義全部解釋了一遍，然後才給他們展示大工程。

先教他們寫「一」：一豎，一撇，一捺，寫了三遍。教他們拼成「春」和「福」字，然後再到他們每一個人的座位上細心輔導。其實短短兩堂課，準備工作很複雜，我在家已經提前寫好了二十四對春聯在課後送給每一個人（包括班導）作為禮物，教他們怎麼貼在門邊；還怕他們看不懂，也標記了往上的箭頭。看到他們開心的笑容，我覺得準備這堂課再辛苦也是值得的。過了一個月後，我去一個同學家參加生日會，看到他房間門口貼著我寫的對聯，覺得整

顆心都被融化了。沒想到，他們那麼喜歡我講的文化分享課。

生活中不一定只有課本和成績

　　交換生活很快就來到了尾聲。全班同學為我辦告別會時，我還興奮地對好朋友Damian說，「這是人生中第一個以我為主角的派對耶！」他冷冷地看了我一眼，「我一點也不興奮。因為這個告別會代表我們要說再見了。」聽完，我眼眶馬上就紅了，跟他緊緊地擁抱，許下承諾我們一定會再見。

　　臨別前，很多同學來送機，把我團團圍住，有種明星的感覺。他們遞給我一本冊子，裡面寫滿了全班的祝福和不捨。因為這群朋友我的德文才變得流利，我對德國才適應得這麼快，因為有他們，很多事情不用自己去摸索。我很慶幸自己當初選擇離開一年，來到柏林當交換生。

　　在柏林的這一年裡，玩樂的確有很多，但更多的是體驗：體驗全新的地方，體驗全新的生活，體驗陌生的語言，體驗結識新朋友，體驗不顧天氣都照常的足球訓練……這些體驗絕對不是任何東西可以換回來的。國外的生活多彩多姿，台灣的生活不一定黑白，**生活中不一定只有課本和成績**，我想要把在柏林學到的東西在台灣延續下去。於是回台灣到建中復學之後，我參加了熱音社，也組了自己的樂隊，經常上臺表演，鼓勵追求音樂夢想的同齡人。

從做菜中學丹麥文

趙中

想看看世界，聽說北歐的教育制度很好，就一直想親自體驗，希望對未來大學選系有幫助，於是高二時就到丹麥的college當交換學生。

　　一開始我是對瑞典的音樂感興趣，但後來因為找不到瑞典的轟家，2015年8月底就改去丹麥做交換。所以起初我對丹麥並不是很了解，只知道天氣很冷，丹麥人很害羞但是很快樂。臨行前，我一直祈禱能被分配到一個好轟家，因為聽交換到丹麥的學長說，他曾經遇到不好的轟家，轟爸會對他大吼。天啊，聽起來轟家是交換生活中很重要的一環，希望我不要那麼「好運」，遇到相同的情況。也很擔心萬一聽不懂丹麥文怎麼辦？

丹麥學運：丹麥政府削減學校預算，因此學生罷課上街遊行。
發起遊行的單位還編了一首Rap來罵政府。

　　沒想到，我真的「走運」了。剛來的第一個禮拜，我和轟家
還有點互動。可是到了第二個星期，每天吃完晚飯，他們就坐在客
廳看電視，我有時會和他們一起看，但是我既聽不懂電視裡的丹麥
文，又不懂怎麼打斷看電視的氣氛和他們聊天，只好作罷，早早回
房間。當我在房間上網看到有趣的故事時，也會主動去客廳與他們
分享，但還是會感到尷尬，因為不知道該怎麼和他們聊天。12歲的
轟弟和14歲的轟妹有自己的世界，我很難和他們一起玩。於是，三

丹麥報紙報導關於蔡英文的新聞

個月後，當社服人員問我要不要繼續待下去，我果斷選擇了換轟家。

新轟家，新開始

新轟家有個17歲的轟哥，當我知道他和我讀同一所學校時，開心得跳了起來：期望著我們能有很多共同話題，也可以一起參加學校的派對。後來我和轟哥真的經常一起參加學校主辦的派對，也一起開心的過跨年，放小煙火（會從裡面爆出彩色紙片的特殊小煙火），一直玩到十二點，累了就坐在空地上看別人家放煙火。原本打算在同學家過夜，可是轟哥喝醉酒，就不了了之。這件趣事到現在還是轟家茶餘飯後的笑料呢。

換了一個自在環境，我的心漸漸感覺輕鬆了，每天用基本的丹麥文問候大家。全家人經常一起看電影，一起做菜，一起上教堂。轟媽總是會想辦法讓我多記丹麥文的單字。有時我下課早回家，轟媽就會拿丹麥文的食譜給我，讓我先上網逐字逐句地翻譯，之後再叫我到廚房幫她的忙。「今天要做什麼菜啊？」、「這個要怎麼做？」她經常故意問我。如果遇到我在網上查不到的單字，她會解

丹麥人很愛穿黑色

釋給我聽。食譜使用的單字常重複所以也容易記住。當時如果有人問我在丹麥學到了什麼，我大概會回答：「學會用丹麥文做菜。」

在學校除了平常的課之外，學校還為所有的國際學生開了一節丹麥文課。每週上三次課，一次九十分鐘。在轟家和學校兩邊的高強度學習下，四個月後，我已經能掌握基礎的丹麥文了。聖誕節之前，上課都是使用課本，作業就是課本裡的練習。臨近聖誕時，學校要求每個國際生用丹麥文介紹自己的國家給高一、高二的同學。事前，我準備好講稿並嘗試背下來，可是當我站在小講臺上的時候，腦子裡一片空白。幸好只有五～七分鐘，我就用平常累積學得的丹麥文手舞足蹈地介紹了台灣。台下同學很活躍的紛紛舉手問我：「台灣吃不吃貓和狗？」或者評論「我覺得午休制度很好，丹麥也應該讓學生中午睡覺」。過了聖誕節之後，上課時老師就很少用課本，反而改用丹麥的兒童繪本。

丹麥最有趣的是？

我要先讓大家猜猜丹麥人對什麼最著迷？

童話故事？簡潔風格的設計？腳踏車？都不是，而是蛋糕。

　　來丹麥半年，我發現身邊的丹麥朋友都對蛋糕特別著迷：如果在學校超過三次沒帶課本，就要帶蛋糕來請全班吃。丹麥還流傳著一個笑話，如果看到很胖的老員警，一定是因為他在警察局呆太久，吃太多蛋糕所致。

　　相較於台灣，丹麥的老師更容易和學生打成一片，大多數老師都很隨性。可是有一個老師跟我講，他覺得丹麥的教育不太尊重老師，學生們總是直接稱呼老師的名稱。我想，老師要把握好和學生關係的尺度很難，學生不喜歡老師太嚴格，可是如果老師的管教鬆散，又容易讓沒有自制力的學生放任自流，這些學生即便來了學校，也不會學到什麼東西。所以丹麥並不是事事完美，雖然它的教育制度有值得台灣借鑒的地方，但台灣也有能讓丹麥學習的長處。我經常會問自己：「為什麼丹麥教育會被評為世界前幾名？它真的如排名所述那麼好嗎？它好在哪裡？」我和其他幾名交換生有一個夢，**我們都希望回台灣之後，能為教育做些什麼。或許拍影片，或許寫文章讓大家看到。**交換生做為文化交流的橋樑，相信透過我們年輕的這一代，能用丹麥制度取長補短。

學校希望交換學生介紹
自己的國家和煮特色食
物跟大家分享,於是我
做了210顆滷蛋。

丹麥南部的傳統食物醃蛋。食用時把蛋
剖半,取出蛋黃,放入Tabasco和芥末,
最後將蛋黃反著放回,就可食用;通常
會配一小杯烈酒。

New Year Cake。丹麥人很愛自己的國旗,用國旗裝
飾在生日蛋糕是很常見的。

丹麥瑣事反映大不同

林亭攸

在國內念完高一後，交換到丹麥高中十年級。在當交換生的半年裡，她喜歡觀察細節和人與人之間的互動模式，希望以後成為一名旅遊作家。

起初聽到從瑞典被轉到丹麥的消息，我有點驚訝。因為去年我們學校有丹麥來的交換生，我是她的學伴，但她都不跟我講話，讓我一個人孤零零地坐在那裡，感覺特別尷尬。同班同學有一個去過丹麥的交換生，聽說他去丹麥並沒有過得很開心，回來之後對大家變得冷淡了。也許，去丹麥是命中註定，上天想讓我去學習接受不同的東西吧。

冷漠不是不友善，是尊重他人

到丹麥沒多久，果然不出乎所料，我迎來了第一個大挑戰：很

轟爸在當地是划船教練，所以我也有了划船的體驗。

難交朋友。我發現想和丹麥同學交朋友，要盡全力去跟他們熟絡，
他們才會和我往來。我是一個很熱情的人，卻發現沒有人理我，也
沒有同學噓寒問暖關心我平常有些什麼問題。後來我發現，丹麥人
的「不友善」其實是尊重隱私的表現，他們覺得如果主動去問別人
有沒有問題，是預先設定了別人有問題，是一種看不起人的心理。
但是，如果別人說有問題需要幫助，他們一定會熱情的伸出援手。
了解到這點後，我慢慢開始交了幾個好友。

但好景並不長。十月底到十一月時，我陷入了低潮期，我的丹麥文沒有很扎實，同學們對我的「外國人」身分失去了新鮮感，不再主動找我聊天，我對丹麥也過了新鮮勁，每天感覺特別低落，總是提不起精神來。轟媽為了激勵我，就叫我給學校報社寫文章，她不但幫我準備了單字卡，還每天定時詢問我的進度，比老師還嚴格。我一開始想偷懶用英文寫，轟媽卻嚴格的說：「不行，妳必須用丹麥文寫，難道妳覺得那些小孩看得懂英文嗎？」我只好乖乖的回房間，先用英文寫初稿，再上Google一點翻譯按鈕，全部都變成丹麥文了。我忍不住為自己的小聰明鼓掌，高興地拿給轟媽看。她瞄了一眼，臉一沉，「以妳的能力，用Google 翻譯，對自己的要求太低了吧。」後來，當我的文章被刊登在報紙上，我才發現，原來自己的丹麥文在轟媽的逼迫下進步了很多。

丹麥文化大不同

除了敦促我努力學習丹麥文，融入環境之外，轟媽處處讓我體會到台灣和丹麥的文化差異。我把轟妹當做台灣最好的朋友來對待，經常和她說「我好愛妳啊（I love you）」。有一次，轟媽轉述了轟妹的想法：「妳經常用『愛』這個詞，她不知道怎麼回應。」原來，「愛」這個詞在丹麥是很慎重，轟妹不想傷害我，才讓轟媽轉達給我。我趕緊說明，在台灣的高中生之間互相表達「天啊，我好愛你啊」是很平常的事，象徵我們的友誼很好。中文和丹麥文表達愛意，有不同的用詞吧。

參加同學的生日party

丹麥學校注重啟發式教育，丹麥學生經常聚在一起討論作業。

課後活動Hair and makeup

　　我和轟妹的性格都是樂觀熱情，喜歡跑到外面搞一堆奇怪的東西，也喜歡向其他人展現自己。我在轟家是最矮的，只有159cm，轟妹才13歲，卻比我高一個頭。我跟轟媽說，打籃球能長高。她卻從來沒聽過這個說法，哈哈大笑說：「我不信。」來月經的時候，我也跟轟家說「女生不能吃冰」；他們不信，覺得女生吃冰沒有關係。我向他們說明關於食物的熱性、涼性還有陰氣陽氣的道理。來月經要貼熱的在肚子上，平常不能坐地板，這樣才能保持身體的溫暖。轟媽覺得涼氣不能進身體，這個有點道理，才相信我說的「古老的亞洲知識」。

　　這幾次的文化交流，讓我重新思考異國文化之間的關係：台灣和丹麥都各有很多傳統文化，非洲、印度等其他國家也有很多各自的傳統文化。有時候我們並不能被其他國家所理解，無論我們如何去說服，他們仍然很難相信有些我們從小到大接觸的知識。那麼，這些傳統的知識到底是真的嗎？為什麼丹麥和台灣會有這些文化差異？為什麼轟家和我對身體健康的理解有這麼大的不同？正是這些問題，促使我有了成為一名旅遊作家的念頭：在旅途上不斷觀察，和當地人交流，並讓更多的人參與關於文化的思考和討論。

我自己做的聖誕甜點（Konfek），還調色許多不同造型，裡面是杏仁。

萬聖節調的可怕飲料

聖誕晚餐餐桌佈置

隨性和自由的丹麥精神：
生命只有一次

先苦後甘的轟家生活

「滾出去！」轟爸朝我嚷道。我怔住了，不知所措地站在門邊，猶豫著該推開門還是留在屋子裡被轟爸數落。想起剛來轟家時的興奮，漸漸變得不舒服，一直到今天的衝突——為了做家事而吵架，我果斷地做出決定：和轟爸說再見。

獨自走在草原上，我回想起剛來到丹麥對轟家的期待：希望他們可以很有趣，住的地方能夠符合想像中的丹麥——一望無際的森林和草原。可是，一來到轟家，轟爸就不太樂意見我：我們經常會為了雞毛蒜皮的事吵架，即使我做了很多家事，他還是希望我再多做些，似乎要剝奪我所有的作業時間。他毫無緣故地覺得我對他有惡意，可能積攢了幾個月的怨氣爆發，終於把我掃地出門。現在該怎麼辦呢？今晚不會要睡在草原吧？

劉志浩

由於爸爸工作的關係，小學曾在美國住了一年，並每隔一年回美國參加夏令營。國中會考後，他到丹麥距離哥本哈根70公里的Hasled當交換生；會選擇交換到歐洲，是希望探索未知的領域。現在就讀於新北市基恩高中一年級。

我和媽媽在哥本哈根碼頭

小美人魚銅像

在同學家借住一宿後，很幸運地在同班同學中找到了願意接待我的新轟家。轟爸轟媽都很年輕，經常有家庭活動，有時候會帶我一起散步，飯後也會和我聊聊天。每週五晚上的家庭派對，轟哥會邀請他的朋友來家裡放音樂和跳舞。在丹麥，每個人18歲生日的時候要連喝18杯烈酒，做為成年的標誌。不出意料，很多人喝完就掛了。聖誕節的時候，我吃到了丹麥特殊的豬肉配鵝肉和烤馬鈴薯，也收到轟家的聖誕禮物，正是我想要的遊戲鼠標。飯後，我們把聖誕樹移到客廳，全家人一起圍著樹跳舞——可不是專業的丹麥傳統舞蹈哦，而是「群魔亂舞」。深夜窗外下起了鵝毛大雪，我和轟哥在半夜一點跑出去打雪仗，一直玩到淩晨三、四點。

結合實事的教學，打開我的國際觀

在丹麥上學雖然課餘時間比較多，但丹麥同學的知識儲備並不會比我少。讓我驚訝的是老師和同學的國際觀。我在丹麥的時候，正逢ISIS的勢力開始壯大，有一天ISIS處決了人質。第二天上英文課時，老師馬上改主題，帶領大家討論ISIS和911事件的關係。當時我根本不知道ISIS是什麼，上課的時候一頭霧水，可是同桌同學都能一一說出ISIS的主旨，甚至能唱主題曲給我聽。

英文老師展示了911的數據給我們看，包括死亡和失蹤人數和重建時間。同學們七嘴八舌的討論陰謀論：有的說ISIS就是911的幕後指使者，有的說911是美國政府製造出來的假象等等。老師當場決定，全班同學回去做ISIS的調查，包括他們的背景、啟發和自己對這

轟家與我

我與轟媽

轟家附近的公園

我的轟家

我和同學

個組織的看法，並把這篇論文當做期末考試內容。這樣的教學方式很有意義，既結合了實事，又激發了同學們的興趣，讓我們對一個話題進行深入探討和研究。

在丹麥時，我和老師的關係都很好，可以直呼老師本名，就像朋友一樣。回來台灣後，原本我以為自己會不適應國內的教學方式，我幸運的遇到了一位三十多歲年輕班導。他對我們也是朋友般，說話有時候很毒舌，但又毒得很幽默。因為我的英文很好，在班上就很驕傲，但有一次英文考試失手，他有一點幸災樂禍地說，「我就講你一下哦，你有時候尾巴翹得老高，你看你現在乾了什麼，叫你不要嘴賤了吧。」相比之下，隔壁班的老導師經常毫無緣由的責備我，比如我站在他們班前面，他會覺得我影響了打掃工作，並把我的班導叫來一起責備我。我的班導就裝得很兇地把我領回班裡，然後拍拍我的肩膀，笑了笑，就放我一條生路了。

我想，對於青少年來說，一名亦師亦友，並能夠尊重學生的老師，才是我們想要的吧。

最好的朋友

在樂高樂園

農產嘉年華

最快樂的國家，
從見面抱抱開始

黃昱翔

2015年高二時交換去丹麥海寧（Herning）。
一開始選擇瑞典的他，由於在瑞典找不到接
待的轟家，選擇了鄰國丹麥。現在進行了一
半的交換學習生活，他漸漸喜歡上丹麥。

「叮──」鬧鐘一響，我便從床上跳起來，深呼吸一口氣，準
備迎接忙碌的一天。拉開冰箱，看到又是和昨天一樣的麵包，我等
不及放入烤箱加熱，就急匆匆地抹上奶油，撒了兩把巧克力片，囫
圇吞棗地嚥下去。說實話，來了快半年，我還是吃不習慣丹麥的飲
食，每日三餐的麵包、馬鈴薯頗讓人膩煩。我不由得想念起在台灣
時媽媽不停逼我吃各種蔬菜水果的嘮叨，當時不知她用心良苦，現
在才知道「失去了才會想念」啊。

喜歡煮東西的轟媽教我做麵包

凡事靠自己的丹麥生活

　　騎上曾經落了17次鏈的腳踏車，我情不自禁地在心裡升起一股自豪感：至少在丹麥我學會修理腳踏車的技能。第一次落鏈的時候，轟媽教我修理時便說，「以後你要自己修了。」我只好乖乖地跟著她學，因為在丹麥的生活全都要靠自己。現在，每天都要「上班」的腳踏車，落鏈成為了常事，我也再不會被小小的鏈條難倒。

　　騎車在丹麥的腳踏車道像在高速公路上，每個人都騎得飛快；有時我感覺自己是馳騁在風中的少年。車速雖然快，但大家都很守規則，遇到斑馬線時會停下來，推著腳踏車過馬路。要左轉就把左手伸出來示意，要停車就把手舉起來以保障後面車輛的安全。

　　在轟家，大家都跟我說丹麥話，每天晚餐後也有家庭時間（Family time），大家一起看電視、聊聊一天發生的事，因此我的丹麥文進步很快。家事是大家分工合作，不像在台灣總是媽媽一個人從做菜到洗碗一條龍包辦。轟家吃飯的習慣和台灣也很不一樣，如果要夾離自己比較遠的菜，可以整個盤子拿到自己面前，再分到盤子裡。剛開始的時候，我不敢拿雞腿，也不敢夾大塊的肉；轟媽就問我：「為什麼你不夾雞腿？不喜歡吃嗎？」她看著我害羞的神色，頓了頓，說，「喜歡吃什麼就夾什麼，不用想太多的。」

　　丹麥還有一個抱抱的見面禮：熟人之間，每次見面道別時，大家都會熱情地互相擁抱。這幾個月在轟家觀察到了很多和台灣不一樣的生活習慣，實在是太有趣了。

一定要有自己想法的丹麥教育

　　剛到學校的第一個星期，因為聽不懂同學們在講什麼，害羞的我只能悶聲坐在角落裡發呆。在台灣念書時，班上來了一個丹麥交換生，大家會爭著和他聊天練習英語；可是在丹麥，我這個台灣交換生和其他同學似乎一樣，沒有受到特別的注意或者有什麼特權。唯一的好處是，老師幫我找了同班同學做學伴，幫助我理解上課的

丹麥的冬天每天都是0度以下，轟家還是要我自己騎腳踏車上學，雖然很冷，但是到處都很美。

轟家每天晚餐後的娛樂活動：打牌。

假日和轟家去玩

內容。其實丹麥同學並不是不友好，而是無論你從哪裡來，他們都用平常心和平等心去對待。他們知道我語言不通，會想盡辦法表達得更詳細，我也努力學習他們表達方法，漸漸學會了如何有條理的解釋清楚自己的想法。半年過去了，我交到了一群好朋友，平常一起吃飯、參加課餘活動，有時還會去他們家開派對。

在海寧的第一堂課就給了我一個震撼教育，那堂是生物課，我的學習經驗是老師用課本和圖解講課。沒想到，生物老師走進教室時，手上拿著一個Pizza盒。我的雙眼放光，腰桿也坐直了：難道老師要請我們吃Pizza？結果，等老師打開盒子，一股臭味撲面而來，我摀著鼻子，湊上前去看，我在心裡呼出：「天啊！」再揉了揉眼睛，才確信眼前的景象是真的：盒子裡裝了一個鮮活的豬腦袋。老師還叫同學們逐個上前觸摸，並一邊解釋腦袋的組成部分。

在這裡上生物課真的很有趣。有一次老師還讓我們做一篇關於大麻的報告，寫出大麻如何影響神經系統，對人體有什麼好處和壞處。我從不會找資料到兩個星期後站在講臺用英文演說自己的報告給全班同學聽，中間經歷了打草稿、撕掉重寫、在上學放學的路上推敲該如何講才能讓同學們聽懂的波折。**丹麥學校對我影響最大的就是，一定要有自己的想法。而且要在有想法的基礎上，學會怎麼有條理的解釋給別人聽**，並且保證對方聽懂——溝通是一門要花時間去研習的藝術啊。

丹麥的教育宗旨是「一定要有自己的想法」，所以老師經常鼓

丹麥上課方式講求實作，生物課時，老師就拿了
一顆真的豬腦袋讓大家摸摸看。

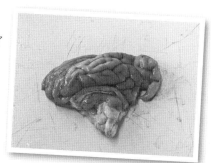

↑聖誕節去同學家的party
←聖誕節時，轟家選購了一棵真的聖誕樹，然
　後回家布置。

勵我們進行討論，上課時經常會要求我們分組去走廊的沙發上總結
出小組觀點，然後再集合進行交流。通過這種方式，我更了解每個
同學的想法。而且我發現同學們的想法都會不一樣，這大大激發了
我的好奇心：為什麼他想的和我想的不一樣？為什麼他會有自己的
想法？我這樣想的理由是什麼？在各種思想火花的碰撞下，我逐漸
發展出自己的一套想法。這大概是在丹麥交換受益最大的地方。回
台灣之後，我再也不是人云亦云的學生了——我會更耐心去聆聽別
人的意見，並進行分析，且樂於把自己的思考結果分享給大家，讓
更多人聽到來自另一個角度的聲音。

只是習慣不同，沒有孰優孰劣

從日本來台灣當交換學生

　　Honoka喜歡台灣的原因很簡單：F4。她從小就開始追台灣的偶像劇「流星花園」，對經典情節倒背如流，最喜歡裡面霸道而專一的言承旭。因為追星的緣故，她在交換前來過台灣很多次，為的是參加F4的演唱會和粉絲見面會。

　　國中的時候，很多同學都出國留學，也影響了她，漸漸產生了想來台灣交換學中文的念頭，於是她向日本的AYUSA申請了來台灣當交換學生。

　　「在日本的網路上看到台灣人喜歡日本，對日本人很好，當時就沒有多想，就直接選擇了台灣！我很喜歡吃小籠包，可是和台灣同學出去的時候並沒有吃到。」說到這裡，她略帶沮喪；可是話

Honoka Yokoyama

日本大阪人，2011~2012年來桃園縣立大園
國際高級中學交換。現在20歲，就讀日本京
都產業大學外國語學部中國語學科。

題一轉，「他們都會帶我去吃蚵仔煎。」她又眉飛色舞起來，開始
一一數著她最愛的台灣小吃：珍珠奶茶和加了綠豆、黑豆的豆花。
當時還不太會講中文的她，沒有覺得生疏，反而感受到了處處被同
學、甚至是陌生人照顧的人情味。她說，台灣同學都會放慢速度與
她講話，也會在紙上寫中文字給她看，甚至會嘗試用簡單的日文解
釋給她聽；她迷路的時候會結結巴巴地用蹩腳的中文向路人求助，
路人會中英文並用，比劃著手腳熱心的替她指引方向。

多采多姿的台灣生活

　　Honoka所在的高中是國際高中，包括英文班、法文班和日文
班。在學校裡，同學們都很熱心幫她學習中文，每天都給她用中文
寫「認識妳很高興」、「每天都要笑」、「更開心一點」等的字字
句句，這些溫馨的小紙條溫暖到她的心裡，漸漸的不再像剛來台灣

時那麼想家。每天下課後，她和同學們都會結伴去看電影、去夜市、KTV唱歌等 。她的中文也進步了很多，還參加了學校舉辦的園遊會。她說：「台灣的學生很認真，我們經常一起合作表演，像是日文課編排的舞蹈，我們就趁著午覺的時間去排練。我還唱了日文歌Sakura！」

她最喜歡的老師是負責交換生的專職老師。國際高中裡一共有七個交換生，分別來自德國、美國、加拿大和巴西， Honoka是唯一一個不會講英文的學生。每次老師開會講英文時，她覺得聽英文比中文更像天書一樣摸不著頭腦。老師每次都特別有耐心慢慢和她解釋。老師有一次帶大家去九份，講解歷史和文化。Honoka說：「我很喜歡九份，是一個很漂亮的城市。」

Honoka回憶，曾經在9月烤肉節的時候跟全班同學一起去台北郊外燒烤，從晚上6～9點，一盤一盤的牛肉、豬肉、羊肉、雞肉，輪番上桌，山色很美，食物也很美味，襯托著遠處台北市中心的夜景和零落的星辰，聞著烤爐上滋滋冒煙的肉香味，那晚成為了她一整年最開心的回憶。

在台灣學會了一個人生活

在台灣一年裡，Honoka成長了很多。因為身邊沒有日本人，大部分的台灣人也不會講日文，就算幫她的時候也是講中文或英文，她被環境逼著去學中文和英文。她說，剛開始的時候聽不懂很難過，可是在台灣的人情味裡，她逐漸開始享受「聽不懂」的一切，也慢慢學會一個人的生活。

在日本，她不敢一個人吃飯，也不敢一個人去麥當勞，就連上廁所也要有朋友陪；在台灣過了一年獨立的生活，她發現了自己內在更大的可能性。回日本之後，她有時候會想自己一個人去逛街或散步，重拾在台灣獨立的感覺。當然，現在主修中文系的她，還是會經常看F4的電影練習中文聽力。

Honoka說：「我最喜歡仔仔的電影，痞子英雄啦，新天生一對啦，對學中文有很大的幫助呢！」她還是那個喜歡F4的她，也是在異國他鄉生活了一年後，更獨立的她。

三 附錄

【採訪後記 1】
交換：用一年的時間學會生活

　　十月份的柏林有點微冷，庭院裡的花都開得差不多了。一推開門，Kristin就微笑著領我走進她的辦公室。她穿著黑色西裝夾克、白色絲綢襯衫、塗著淡紅的唇色，這剛好描繪了她的性格：幹練而溫柔，嚴格又和藹。她坐在沙發邊，娓娓道來她的故事。

　　Kristin和「交換」的緣分要追溯到二十幾年前，她自德國的高中畢業後，申請了Au Pair項目，自己一個人來到美國喬治亞州亞特蘭大市。在做Au Pair的過程中，她看到了另一個不同的世界：她一開始有點不習慣寄宿家庭對小孩的教育方式；這些不同不一定是壞的，只是兩種文化對比之下的產物。回到柏林後，她去了西班牙做旅行仲介，可是幾年後，她發現服務遊客並不是她的熱情所在。於是，她又回到了柏林，開始承接AYUSA送德國學生去美國當交換學生的

2015年10月，Echo（本書採訪撰稿者）拜訪AYUSA德國柏林
交換生專案主任Kristin Krüger，兩人在Kristin的柏林辦公室進
行了關於交換的分享。

項目（Out Bound），後來又轉移到接待外國學生來台灣交換的項目
（In Bound）。一開始，只有5名交換生；十五年後，每年有60~65名
交換生分布在德國各地。

　　她說，每年這麼多交換生，每個人都想來大城市，但不可能
都被分配到柏林或者慕尼黑。當學生們得知自己被分配到不知名的
小城市，甚至村莊時，他們的第一反應都很震驚，有的抱怨連天，
有的要申請換城市，甚至還有人馬上想退出交換項目。她總是對學
生們說：「交換只是一年而已，你儘管放手一試，去過過跟自己人
生軌跡完全不同的生活。你在城市長大，為什麼不用一年時間過過
在鄉下的生活呢？其實，**去哪裡不是最重要的，最重要是你和當地
人的關係**；你可以嘗試多了解轟家，跟他們建立感情的樞紐，畢竟

他們主動選擇了你，就代表他們一定會在這一年裡照顧好你。」她覺得，無論是大城市也好，小村莊也好，最在乎學生的是當地的朋友、老師和轟家； 在交換生涯裡，學生們認識的每一個人都會使他們有獨特的經歷。

　　Kristin對台灣學生的印象很好。她覺得台灣學生都很有禮貌，有點害羞，不會惹麻煩或者和轟家吵架。她眼裡的亞洲文化很重視教育，所有的學生都很上進努力，家長也會全力配合學校的工作。但是，「交換學生」並不僅僅是一行為履歷表增色的字——並不是每個人都適合當交換學生的。在十五年裡，她看過太多被家長逼著來異國交換的學生；也許家長都是為了自己小孩好，但是她覺得家長必須在行前和自己的孩子做好充分的溝通，確認是學生自己的意願，孩子本身對交換國的文化和語言很感興趣，這樣才適合來交換而學。

　　Kristin：「在做交換決定時，全家人要思考：是誰跟AYUSA進行溝通的？是誰想來交換，家長還是學生？如果學生並不想去交換，那麼這可能不是一個會帶來良性效果的選擇。」也許學生中途發

現自己並不適合交換，決定提早回國，但這段經歷也足以讓學生成長。至少，他們嘗試過了，知道自己適合什麼，不適合什麼；這就是成長的標誌之一。沒有人是完美的，**退出交換並不會丟臉或者成為一個壞學生，只是發現了自己可能不適合某種生活方式**而已。他們和交換了一年的學生沒有差別，都是在各自的經歷中成長。

　　對於從小在考試高壓下長大的台灣學生來說，**在德國的交換經歷就是一次學習如何放鬆的機會**。德國的高中下午2、3點就放學了，台灣學生沒有了繁重的課業壓力和永無止境的補習班，剛開始會有些無所適從。Kristin經常鼓勵學生參加學校的社團和課外活動，例如籃球隊、排球隊、音樂學校、畫畫、甚至騎馬等等。她總是這樣說：「你們在德國可以放鬆了！你的興趣是什麼？你想做些什麼？」學生們一開始顯得很害羞，拘謹地不知道自己到底能不能隨心所欲地選擇自己想做的東西，他們小心翼翼地問：「真的嗎？我真的可以做這個嗎？」甚至還有特別努力的學生白天上德國學校的課，晚上回到轟家之後還在網路上補台灣學校的課程。

　　Kristin對他們說：「你要學會放手，學會放鬆。這是你為自己

做主的機會，你大可盡情享受生活。在德國，你不用上補習班，不用門門功課都拿A，也不用每天做作業到凌晨，這麼多的自由時間，你可以偷懶——來，我教你，拿一本你最喜歡看的書，坐在沙發椅上，把腳放在桌子上……來，我們一起來放鬆！」學生們學著放鬆後，他們慢慢開始參加很多課外活動，也結識了很多當地的朋友。

見證了AYUSA幾代的交換學生之後，Kristin感受最深的是，科技的進步影響學生和身邊人的互動。特別是在開始最想家的一、兩個月，有些學生會把自己鎖在房間裡和遠在地球另一端的朋友Skype，不和轟家溝通。 Kristin經常和學生談心：「你說你覺得很孤單，但是如果你不走出房間，你怎麼交朋友呢？」轟家想要文化上的交流，並不想要一個酒店客人。

有一次，一名學生在臉書發了自己和轟家旅遊的照片，來表達開心之情。可是因為他一直都在玩手機，轟家其實不知道他喜不喜歡這趟旅程。對比起十五年前，擁有高科技產品的新一代交換生更少跟轟家表達自己的情緒了。其實，高科技是把雙刃劍，它可以讓交換生在很短的時間內跟地球彼岸的家人溝通，但也有可能忽視

了眼前的轟家。「交換是有感染性的。如果轟家喜歡交換生,他們
會跟鄰居、朋友、同事說,這樣可能整個社區都想接待交換生。反
之,如果交換生表現不好的話,也許轟家再也不想接待他們了。」

　　Kristin總結道:「**交換的意義是付出和給予。**」交換生帶著他們
的文化、語言、個性來到德國,與當地的轟家分享;同時,他們也
對德國的文化和生活方式產生好奇,在不斷的交流過程中,從轟家
的身上看到世界的另一面。

【採訪後記 2】
每個人都是一本書

　　在前往三藩市的飛機上，我終於在書的最後一章劃上了句號。我闔上電腦，閉上雙眼，戴上耳機，試圖在抵達前休息幾分鐘。可是，我的思緒久久不能平復。記得AYUSA德國主任Kristin曾在採訪中說過：「在歐洲，你可以學會放空，一整天看一本書，可以什麼事都不做，這樣才叫享受生活。」的確，西方人喜歡在海灘曬太陽，喝冰酒，發發呆，一坐就是一整天；我的度假就一定要馬不停蹄地去很多景點，手持一張清單，每一個目的地都要劃掉才算完美。拉開遮光板，看著藍色蒼穹和層層棉花糖白雲下的矽谷，我一瞬間產生了錯覺；幾萬呎下的美國看起來那麼不真實，好像過去留美的五年都是一場夢，我曾在夢裡親眼目睹自己拿到獎學金的歡笑，聽過

李舒晴（Echo），本書採訪撰稿者

從高中起，她就已經站在面對三千多師生的舞臺上主持晚會和表演話劇；高二到西雅
圖就學。她曾集齊了一百個陌生人的支持簽名，去競選學生會主席；採訪過本土說唱
藝術家、穆斯林新移民女性和美洲原住民；去過越南北部的村莊教授健康知識，在熱
帶雨林裡被六隻螞蟥吸過血；她再次啟程去泰國甲米島的農場上用勞動力交換食宿，
在和自然共生共存的過程中愛上了戶外教育。

暑假時她回到中國佛山，帶著五十多位6-18歲的青少年在農莊裡摸黑爬山、露營、自
由舞蹈。由西雅圖轉學到加州柏克萊大學後，她在當地輔導十二年級高中生設計停車
空間改善計劃書，並向交通運輸部門進行展示；在健康城市國際論壇上，她和來自北
京、上海和美國多個城市的高中師生向奧克蘭市政府提出了社區公園改善方案，獲得
一致好評。現在，她正在三藩市的小學裡學習有機農業，和小學生們一起品嘗菜園裡
的蔬果，烹飪健康素食。

凌晨撕心裂肺的痛哭聲，親吻過留下足跡城市裡的每一吋土地，也
撫摸過西雅圖和三藩市的春夏秋冬。

　　美國文化是多元的。在社區大學那兩年裡，我愛上了西雅圖細
雨綿綿中含羞的浪漫。我的同學有16歲高一剛畢業的印尼小妹，有
30歲阿拉伯裔的單親媽媽，有曾經流浪街頭的小混混，還有環遊過
歐洲的搖滾音樂家……在社區大學裡有趣的人真不少，每次和他們
聊天就像上一堂人生課。在與不同年齡的人交流中，我也學會了什
麼是同理心：把自己的階級、成長經歷、性別、種族暫時忘掉，然
後穿上別人的所有身分，藉由他們的眼睛來重新審視世界。

　　美國文化也是充滿競爭的。來加州大學柏克萊分校後，我一下子感受到灣區「匆匆」的文化：街上的行人、旅人都有著快速的步伐，急匆匆地要趕上即將駛離的公車。也許因為這裡是早期移民港口，低緯度自然而生的熱情和躁動讓灣區日復一日地奔放如昨。同學們都爭先恐後地往科技巨頭和創業公司裡跑，每個假期都一定要去做「有意義的事」，商科工程計算機是最熱門、賺錢最多的三大專業，留學生三句話不離「留美」、「工作」和「簽證」。在精英主義盛行的世界名校裡，履歷上的每一行字都是算計好的；正因為頂著名校的光環，才不能讓別人失望。曾有一位在華爾街工作的朋友說：「沒有人來紐約做第二名。（Nobody comes to New York to be the second best.）」其實，美國和亞洲很像，每個人都削尖了腦袋往上爬，沒有人想委身屈就第二。

　　到底「有意義的事」是什麼呢？歐洲和美國到底有什麼不一樣？採訪六、七位從AYUSA去歐洲交換的學生後，我帶著疑問，通過加州柏克萊大學去德國柏林自由大學進行為期半年的交換。

　　這本書大半是在歐洲火車和飛機上完成的，我經常看著窗外飛

馳過的高山大川和綠油油的農田菜地，一邊把自己帶入學生們在歐洲的生活，一邊在電腦裡敲下字句。無論是在巴黎、在柏林、在北歐、在荷蘭，我總會看到學生們的影子：他會不會曾經在這家咖啡廳裡喝過拿鐵？她會不會在這家畫廊裡展出過自己的作品？他會不會在地下酒吧，甩著長髮，彈奏重金屬搖滾樂？她會不會帶著外國遊客走過布拉格的查理大橋？

邊走邊寫中，我發現**歐洲交換經歷讓每一個接受採訪的學生開始思考，自己想要些什麼，自己的興趣何在，生活和旅行的意義是什麼。**他們無一例外地對自己的夢想有一股執著和衝勁，不但如此，交換中遇到的挫折讓他們更加從容地學會面對生活中預料不到的風浪。在十五、六歲的年紀就有如此的格局是多麼難得的事啊！

這半年裡，我也遇到過不知道怎麼跟轟家表達自己的想法，聽不懂德語等的問題，可每每想到AYUSA的學生，心中就會充滿了溫暖積極的力量。他們在找到自己的生活所愛後，把全副精力集中在上面，無論是音樂、設計、酒店管理、烹飪，他們會放慢腳步享受生活細節中帶來的快樂，會純粹因為喜歡而選擇想做的事情。他

們沒有美國學生舉手投足的「匆匆」；他們不會人云亦云的隨波逐流，也不會一步一步算計著與人交流，更加不會一項一項勾選讓自己履歷看起來光鮮的事。在歐洲的生活沒有那麼多的功利主義，也沒有那麼強的競爭，只要你享受生活，懂得讓自己喘氣，知道自己擅長與不擅長之處，就是生活的本質。

離開歐洲後，我想，「**有意義的事**」是：**找到自己熱情所在，抓住生活的本質**。再由此發散；而不是單純為了做而去做的參加很多活動，然後猛然發現迷失與生活之中吧。

採訪總會以一個問題結尾：「你覺得交換的意義是什麼？」學生們的答案各有不同，有的說交換是文化上的碰撞，有的說交換是用另一個角度去思考。 在國外生活五年，我覺得留學生有四個必經階段：新鮮期、迷失期、厭惡期、融合期。初到異國，我們睜大眼睛，打開身上所有毛孔去吸收新事物；過了三個月，我們開始想家，開始感到迷失，不知道參加這麼多活動為了什麼；後來，我們多少對留學國或者原生國產生各種看不慣的情緒，我們會比較、會質疑、甚至會埋怨教育制度的不好。其實有哪一個國家的制度是完

美的呢？再後來，我們便會發現就像日本學生Honoka提過的「沒有誰優誰劣，只有不同而已」。這句話擲地有聲；以AYUSA學生們的成長為例，青生代的「多文化混合身分」隨著全球化變得明晰：我們再也不是從單一文化下出生到死亡的某國人，我們觀賞著美國好萊塢大片，品嚐著南美菜，聽著非洲打擊樂，並能夠流利地說出多國語言；我們少了「某國人」的制式標籤，取而代之的是「地球村民」的視野。交換的意義有千種，萬變中不離「互融」二字。

其實，教育也是一種交換。每個人都是一本書，我們既是讀者，又是學生。在和各個國家的學生接觸過程中，我一直被他們感動著：在三藩市格林小學教園藝時，我為他們對動植物的好奇心而癡迷；在柏克萊市為高中生輔導時，有一名曾經在街頭鬥毆的學生找到了自己的飛行員夢想，穿著航空學校紀念衫一整個星期不捨得脫下；看著他的成長，我不禁淚下。教育不是向銀行存錢，老師在講台上灌輸知識，學生像自動取款機般硬吞不誤；教育是老師用心激發學生的內在力量，也不斷地從學生身上看到源源不斷的熱情和生命力。希望這股對生命的熱忱，能讓所有的學生和老師們在生命裡走得更遠，飛得更高。

返台後的升學之路

高一返台者

1.回原校重讀高一。（AYUSA建議）

2.計畫未來赴美國或升學者，建議通過原校考試銜接高二。

3.計畫前往其他英語系國家就讀高二者，可選擇美國私立高中，申請時間為12月～次年3月前。或通過AYUSA個別諮詢與申請美國社區大學。

4.或可參加其他國家的高中交換學生，申請時間為12月～次年3月前。

高二返台者

1.回原校重讀高二。

2.通過原校考試銜接高三。

3.計畫赴其他英語系國家就讀者，可選擇美國私立高中，申請時間為12月～次年3月前。或通過AYUSA個別諮詢與申請美國社區大學，申請時間為1月～4月。

AYUSA建議：年滿17歲、TOEFL通過iBT 61～68分者，可銜接美國社區大學，以2+2升學方式完成4年大學學業，學費便宜且可節省一年時間或可雙主修或學碩士並修。

4.或可參加其他國家的高中交換學生，申請時間為12月～次年3月
　前。

高三返台者

1.可以同等學歷直接報考大學入考試。

2.回原校重讀高三或進補習班。

3.通過AYUSA個別諮詢與申請美國社區大學，申請時間為1月～4月。
　AYUSA建議：年滿17歲、TOEFL通過iBT 61～68分者，可銜接美國
　社區大學，以2+2升學方式完成4年大學學業，學費便宜且可節省一
　年時間或可雙主修或學碩士並修。

4.申請4年制大學（University）。赴國外交換前的暑假至當年年底前
　完成申請。

5.通過AYUSA個別諮詢與申請，參加德國的高中交換學生，

熱情讓我擁有全世界：歐洲上學大不同，交換學
生教會我的事 / 國際愛優生文化交流協會臺灣分
會(AYUASA)著. -- 初版. -- 臺北市：商周出版：
家庭傳媒城邦分公司發行, 2016.04
　　面；　公分
ISBN 978-986-92956-9-7(平裝)

1.交換學生 2.中等教育

529.26　　　　105004660

商周教育館003

熱情讓我擁有全世界：
歐洲上學大不同，交換學生教會我的事

作　　　者／國際愛優生文化交流協會台灣分會（AYUASA）
企劃選書／黃靖卉
責任編輯／彭子宸
版　　　權／翁靜如、吳亭儀、黃淑敏
行銷業務／張媖茜、黃崇華
總 編 輯／黃靖卉
總 經 理／彭之琬
發 行 人／何飛鵬
法律顧問／台英國際商務法律事務所羅明通律師
出　　　版／商周出版
　　　　　　台北市104民生東路二段141號9樓
　　　　　　電話：(02) 25007008　傳真：(02)25007759
　　　　　　E-mail：bwp.service@cite.com.tw
發　　　行／英屬蓋曼群島商家庭傳媒股份有限公司城邦分公司
　　　　　　台北市中山區民生東路二段141號2樓
　　　　　　書虫客服服務專線：02-25007718；25007719
　　　　　　服務時間：週一至週五上午09:30-12:00；下午13:30-17:00
　　　　　　24小時傳真專線：02-25001990；25001991
　　　　　　劃撥帳號：19863813；戶名：書虫股份有限公司
　　　　　　讀者服務信箱：service@readingclub.com.tw
　　　　　　城邦讀書花園：www.cite.com.tw
香港發行所／城邦（香港）出版集團
　　　　　　香港灣仔駱克道 193 號東超商業中心 1F　E-mail：hkcite@biznetvigator.com
　　　　　　電話：(852) 25086231　傳真：(852) 25789337
馬新發行所／城邦（馬新）出版集團【Cite (M) Sdn Bhd】
　　　　　　41, Jalan Radin Anum, Bandar Baru Sri Petaling,
　　　　　　57000 Kuala Lumpur, Malaysia.
　　　　　　電話：(603) 90578822　傳真：(603) 90576622
　　　　　　Email: cite@cite.com.my

封面設計／張燕儀
內頁設計排版／洪菁穗
印　　　刷／中原造像股份有限公司
經 銷 商／聯合發行股份有限公司
地址：新北市231新店區寶橋路235巷6弄6號2樓
電話：(02)2917-8022 傳真：(02)2911-0053

■2016年4月14日初版一刷

ISBN 978-986-929569-7　Printed in Taiwan

定價200元

城邦讀書花園
www.cite.com.tw

請沿虛線對摺，謝謝！

| 書號：BUE003　　書名：熱情讓我擁有全世界 | 編碼： |
| 歐洲上學大不同，交換學生教會我的事 | |

讀者回函卡

感謝您購買我們出版的書籍！請費心填寫此回函卡，我們將不定期寄上城邦集團最新的出版訊息。

不定期好禮相贈！
立即加入：商周出
Facebook 粉絲團

姓名：＿＿＿＿＿＿＿＿＿＿＿＿＿＿＿＿＿＿＿＿　性別：□男　□女

生日：西元＿＿＿＿＿＿＿＿年＿＿＿＿＿＿月＿＿＿＿＿＿日

地址：＿＿＿＿＿＿＿＿＿＿＿＿＿＿＿＿＿＿＿＿＿＿＿＿＿＿＿＿

聯絡電話：＿＿＿＿＿＿＿＿＿＿＿　傳真：＿＿＿＿＿＿＿＿＿＿＿

E-mail：

學歷：□ 1. 小學 □ 2. 國中 □ 3. 高中 □ 4. 大學 □ 5. 研究所以上

職業：□ 1. 學生 □ 2. 軍公教 □ 3. 服務 □ 4. 金融 □ 5. 製造 □ 6. 資訊

　　　□ 7. 傳播 □ 8. 自由業 □ 9. 農漁牧 □ 10. 家管 □ 11. 退休

　　　□ 12. 其他＿＿＿＿＿＿＿＿＿＿＿＿＿＿＿＿＿＿＿＿＿＿＿

您從何種方式得知本書消息？

　　　□ 1. 書店 □ 2. 網路 □ 3. 報紙 □ 4. 雜誌 □ 5. 廣播 □ 6. 電視

　　　□ 7. 親友推薦 □ 8. 其他＿＿＿＿＿＿＿＿＿＿＿＿＿＿＿＿＿

您通常以何種方式購書？

　　　□ 1. 書店 □ 2. 網路 □ 3. 傳真訂購 □ 4. 郵局劃撥 □ 5. 其他＿＿＿＿＿

您喜歡閱讀那些類別的書籍？

　　　□ 1. 財經商業 □ 2. 自然科學 □ 3. 歷史 □ 4. 法律 □ 5. 文學

　　　□ 6. 休閒旅遊 □ 7. 小說 □ 8. 人物傳記 □ 9. 生活、勵志 □ 10. 其他

對我們的建議：＿＿＿＿＿＿＿＿＿＿＿＿＿＿＿＿＿＿＿＿＿＿＿＿＿

　　　　　　　＿＿＿＿＿＿＿＿＿＿＿＿＿＿＿＿＿＿＿＿＿＿＿＿＿

　　　　　　　＿＿＿＿＿＿＿＿＿＿＿＿＿＿＿＿＿＿＿＿＿＿＿＿＿